文通天下

突 破 认 知 的 边 界

极简
学习法

明岚静　著

光明日报出版社

图书在版编目（CIP）数据

极简学习法 / 明岚静著. -- 北京 ：光明日报出版
社，2025. 2. -- ISBN 978-7-5194-8378-4

Ⅰ. G791

中国国家版本馆CIP数据核字第20256HY894号

极简学习法

JI JIAN XUEXI FA

著　　者 ：明岚静			
责任编辑 ：孙　展		责任校对 ：徐　蔚	
特约编辑 ：王　猛		责任印制 ：曹　净	
封面设计 ：李果果			

出版发行 ：光明日报出版社

地　　址 ：北京市西城区永安路 106 号，100050

电　　话 ：010-63169890（咨询），010-63131930（邮购）

传　　真 ：010-63131930

网　　址 ：http://book.gmw.cn

E – mail ：gmrbcbs@gmw.cn

法律顾问 ：北京市兰台律师事务所龚柳方律师

印　　刷 ：天津鑫旭阳印刷有限公司

装　　订 ：天津鑫旭阳印刷有限公司

本书如有破损、缺页、装订错误，请与本社联系调换，电话：010-63131930

开　　本 ：146mm×210mm		印　　张 ：8.5	

字　　数 ：182 千字

版　　次 ：2025 年 2 月第 1 版

印　　次 ：2025 年 2 月第 1 次印刷

书　　号 ：ISBN 978-7-5194-8378-4

定　　价 ：49.80 元

"清北学霸"学习的底层逻辑
——三步闭环式极简学习法

　　我有一个学妹，特别刻苦，每天陷入题海战术的泥潭，可学习成绩始终不见提高，有时候甚至下滑，导致她备受打击，陷入深深的自我怀疑中。我非常不愿意看到这类现象发生，所以萌生了写这本书的想法。

　　每一个愿意付出努力的人都应该掌握有效的学习的方法和技巧，以此取得理想的成绩。虽然说"是金子总会发光"，但我们也要知道如何做才能成为能发光的金子。

　　那些考上清华、北大或者其他985、211等重点学校的学生，智力超常的只是少数，他们中更多的人只是因为使用了科学的方法，并加以努力。科学的努力其实有固定的"套路"。我曾经研究过一些清华北大学霸的学习方法，也采访过很多学霸。不难发现，虽然他们每个人有不同的学习习惯，不同的人也采用不同的学习方法，但学习的底层逻辑都是一样的。

　　本书把这个学习的底层逻辑总结了出来，总共分三个环节：精准输入、深入理解、多元输出。每一个环节我都会用两章仔细讲解，从方向的选择开始，到养成良好心态结束，手把手教你打造三步闭环式极简学习法。

除了构建底层逻辑，你还会在本书中学到各种各样简单又高效的学习方法，比如：快速记忆的方法、时间管理的方法、学习复杂知识的技巧、轻松复盘的方法、举一反三的方法、利用图表来学习的方法等。

在书里我会结合具体的学科知识点，为你详细讲解这些方法如何运用在学习里，并一步步教你如何操作。除此之外，我还会告诉你每种方法的注意事项，提醒你哪些错误不能犯，在运用时哪些地方需要特别注意，以此来帮助你更好地运用这些方法，达到自己想要的学习效果。

之所以要总结"清北学霸"学习的底层逻辑，是因为我希望每一个人都能用最简单的方法"学会学习"，然后对学习保持持久的兴趣，并且一生都保持着学习的习惯，不再一提到学习就紧锁眉头或感到头疼。

调查显示，有75%的人大学一毕业就不会再学习了，我认为出现这一现象的原因很可能是这部分人在学生时代并没有良好的学习体验。

希望这本《极简学习法》能够帮助处在初中、高中阶段的读者快速学会学习，花更少的时间取得理想的成绩，也能帮助读者找到学习的乐趣。我祝愿每一位阅读《极简学习法》的读者，都能更早、更快地掌握有效的学习方法。

本书一共分成六章。

第一章是选对方向，帮你从根本上重塑对学习的认知，扭转错误的学习方向，明确学习目标。

第二章是持续行动，用六种极简学习法教你做到精准输入。

第三章是告别低效，我将用具体的学科来举例，告诉你怎样用最简单的方法做到高效。

第四章是刻意练习，我将给出读书、记忆、复盘、学习复杂知识这四个方向的具体学习法，让你无论面对什么学习情况都能轻松应对。

第五章是多元输出，教你掌握更多极简学习法，灵活运用每个知识点。

第六章是正视失败，分析心态对于学习的重要作用，手把手教你养成良好心态。

这样看来，这本书对于打造闭环学习法几乎已经足够，它不仅可以帮助你选对学习方向，持续开展学习，还可以帮你构建深度学习的各种逻辑，做到完美多元的输出。

希望你读完这本书，能够真正爱上学习，也祝福你取得理想成绩。

明岚静

2024 年 3 月 5 日

于重庆

CONTENTS

目录

第一章 / 选对方向，直奔终极目标

1.1 明确学习目标：切忌盲目，有的放矢 / 003

1.2 学会自我剖析：找准优劣，精准发力 / 009

1.3 制订一周计划：持续计划，不断进步 / 016

1.4 精简学习资料：提取重点，拒绝负重 / 022

1.5 二八学习法：衡量价值，事半功倍 / 027

1.6 闭环学习法：简单三步，轻松学习 / 034

第二章 / 持续行动，让学习体系自动化

2.1 极简思维：快速找到那条最短的路 / 043

2.2 微习惯：小步骤代替大目标 / 050

2.3 极简行动力：分清主次，重点先行 / 058

2.4 极简逻辑学：化繁为简，快速掌握学科规律 / 065

2.5 绿灯思维：开放心态，独立思考 / 073

2.6 极简身份：欺骗大脑，持续赋能 / 079

C O N T E N T S

第三章 / 告别低效，掌控学习节奏

3.1 一页纸学习法：20个字概括知识重点 / 087

3.2 九宫格学习法：矩阵填充，实现趣味学习 / 099

3.3 卡片学习法：利用碎片时间，重复记忆知识 / 107

3.4 举一反三法：构建底层逻辑，快速找到解题框架 / 115

3.5 思维导图学习法：迅速拆解知识，直击问题根源 / 121

3.6 番茄工作法：25分钟养成专注习惯 / 128

第四章 / 刻意练习，打造高效的学习闭环

4.1 SQ3R精读法：简单五步，轻松关联知识 / 137

4.2 厚薄读书法：增删结合，求全求精 / 145

4.3 归类记忆法：不同归类逻辑，减轻记忆负担 / 151

4.4 三点记忆法：稳抓三点，强化记忆 / 162

4.5 表格学习法：转化抽象思维，克服畏难情绪 / 169

4.6 复盘总结法：只需四个步骤，形成规律闭环 / 178

第五章　多元输出，灵活运用每个知识

5.1 费曼学习法：输出倒逼输入，深入理解知识 / 187

5.2 倒推学习法：锻炼逆向思维，创新解题方法 / 193

5.3 提问法：挖掘疑问，主动思考 / 200

5.4 纠错法：及时纠正错误，避免重复犯错 / 207

5.5 诊断法：科学评估自身，有效对症下药 / 214

5.6 框架学习法：用结构化思维建立学习体系 / 219

第六章　正视失败，在竞争中保持好心态

6.1 精简竞争：只和一个同学对标 / 229

6.2 正视失败：从四个方面快速提高抗挫力 / 233

6.3 重视精神状态：不在疲惫时学习 / 239

6.4 精简娱乐：拒绝依靠手机娱乐 / 244

6.5 忘记目标：专注过程，享受学习的乐趣 / 249

6.6 心态养成：好的心态，拒绝学习内耗 / 253

第一章

选对方向，直奔终极目标

　　我把学习分三个步骤，分别是：输入、消化、输出。想要精准输入，首先要选对学习方向。

　　本章从方向的选择开始，带你深入了解如何精准输入知识。首先，我会告诉你用什么方法明确自己的学习目标；其次，一步步教会你从哪些方面进行有用的自我分析。明确了自己的现状和学习目标后，最后我将教你如何制订计划，按照基本步骤开展学习，以掌握高效的学习法。

　　想要选对方向，就跟着我来一起操作吧！

1.1 明确学习目标：切忌盲目，有的放矢

在开始学习之前，第一重要的事就是明确学习目标。它就像大海里的灯塔，指引着我们前进的方向。

设立正确的学习目标需要参考很多信息。以高考填志愿举例，它需要参考高校招生计划、填报志愿手册、近三年各院校专业录取平均分、最低分和相应位次（或名次）、高考政策等信息。

那么，到底要参考哪些信息，又如何从这些信息中提取适合自己的内容呢？本小节将为你一一讲解，我们先来看明确学习目标的好处。

◎引导正确方向，赢在起跑线上

北京某名校重点班英语老师曾告诉我，她发现差生的通病之一是学习漫无目的，没有自己的思路，学习逻辑混乱。

学习目标和学习方向是引导关系，目标明确之后学习自然有方向。高中每个阶段的学习目标都不一样，比如：高一需要适应新学习环境，了解自己的学习成绩和惯用的学习方法；高二要突破自我，提高学习成绩；到了高三就得扎实复习，冲刺高考。

用目标指引学习，可以帮助你往对的方向努力，早早赢在起跑线上。

◎根据不同目标，及时调整学习方法

学习方法并不是固定不变的，它需要根据不同的学习目标灵活转变。比如：当你的学习目标是预习时，你就不能用复习的方法来学习；当学习目标改成深入理解一个知识点时，快速浏览的学习方

式就不适用；当你的学习目标是熟练掌握某类题型时，你就不能所有题型一起做，此时应该使用更有针对性的学习方法。

你看，明确了学习目标后就能及时调整学习方法，明晰学习思路，达到事半功倍的效果。

◎明智取舍，稳抓重点

明智的学习者都懂得取舍，学习并不总是要面面俱到。抓重点学，会让学习更轻松。

我曾做过一个有关"舍弃知识点"的调研，结果显示：有85%的学生什么知识都想学，却什么也学不好。这部分学生表面上看起来非常努力，实际上不懂取舍、不会抓学习重点。

这时明确学习目标就派上了很大用场，能帮助我们抉择学习需求，抓住当下的重点，促进学习成绩实现质的飞跃。

我们该怎么明确学习目标？

◎根据考题来确定学习目标

采用逆向思维，根据考题来明确学习目标。先来看一道高中政治题：

> 马克思说："意识一开始就是社会的产物，而且只要人们还存在着，它就仍然是这种产物。"对这句话的正确理解是什么？

很显然这道题考的是有关意识的知识点，那么针对这一内容，我们的学习目标可以设置为：意识是什么？它的内容有哪些？

高中政治的题型很简单，分为选择题和非选择题两种。无论哪种题型，都有一个共同规律：出题者会把问题和知识点设置在情境材料之中，这些材料可以是时事政治、社会现象，也可以是名人语录等。这时，考点就是学习目标。

只要确定了学习目标，无论题目怎么变，我们都可以把握命题趋势，稳扎稳打拿高分。

◎根据学校课程安排来确定学习目标

按照学校课程表来确定学习目标，是另外一个逻辑。注意，这里的学习目标不必再精确到某个学科的某章节。

比如某学校高二周一的课程安排是：上午语文、英语、地理、物理；下午化学、政治、数学、体育。

上午	下午
语文	化学
英语	政治
地理	数学
物理	体育

可以看到课程表中出现了体育，那么这一天的学习目标就可以转变一下，把锻炼身体、放松身心也纳进我们的学习目标中。

◎根据高频出现的考点来确定学习目标

根据高频出现的考点来确定学习目标，简单又清晰。比如高中物理中"抛体运动"这一考点，在历年高考中出现的频率如下：

年份	2017	2018	2019	2020	2021
题号	15（全国卷Ⅰ） 17、25（全国卷Ⅱ） 2（江苏卷）	18、25（全国卷Ⅰ） 25（全国卷Ⅱ） 17、25（全国卷Ⅲ）	19、24（全国卷Ⅱ） 10（海南卷）	16（全国卷Ⅱ） 8（江苏卷） 12（海南卷） 16（山东卷）	2（河北卷） 9（江苏卷）

可以发现抛体运动是高考物理的高频考点，这时我们就可以把学习目标调整为：熟练掌握求解与抛体运动相关的实际问题。想要通过这样的方式确定学习目标，比较有难度，如果仅仅知道这个知识点是什么，但并不会解题，仍不算达到学习目标。

◎**根据想要的结果来确定学习目标**

区别于以上三点，用想要的结果来确定学习目标，有很强的包容性。可以是长期的学习目标，比如：你想考上某所大学；想把数学成绩稳定在120分以上。也可以是短期目标，比如：今天我要做两套数学题；研究一个相似的题型；进行英语听力练习。

目标可以具体也可以模糊，比如我想提高自己的文采，那我就需要多读课外书，多摘抄好词佳句。这时制订的学习目标就不再要求每天读哪些课外书，只要坚持读书就有助于我们达成学习目标，因为提高文采是一个积累的过程。

确定学习目标的依据			
考题	学校课程表	高频考点	想要的结果

虽然确定学习目标在极简学习法中是很简单的一步，但有很多细节问题值得我们注意。

◎结合实际，量力而行

先来看一位学生制订的一天要达到的学习目标：

完成老师布置的作业

完成两套数学试卷

两套英语试卷

一套物理习题

很显然这样的学习目标并不科学，一看就是为了做题而做题，做题的真实目的是挖掘考点，我把上面那位学生的学习目标进行了调整：

完成老师布置的作业

根据数学和物理老师讲解的内容，挑选试卷上对应的题目进行练习

英语两套试题只做完形填空部分，培养语感

结合实际情况制订的学习目标更科学高效，不会让我们盲目做题，保证了学习效率。这是明确学习目标时第一个需要注意的地方。

◎切忌笼统，提倡全面细致

很多学生在明确学习目标时不细致。拿粗心来举例，在制订改掉粗心的坏习惯这一计划中，很多学生从不思考粗心的具体表现背后的原因，可能是把A选项看成B选项，也可能是看漏一个数字。深层分析背后的原因，出现前者的情况多半是因为考试时注意力不集中，或者过于紧张；出现后者的原因很有可能是觉得题目太简单，没看清楚题目就开始答题。明确了原因，原来笼统的学习目标就可以改为：忌眼高手低，认真对待每一道考试题目。

这就是确定细致的学习目标。

◎根据自身学习情况与进度及时调整

并不是说确定了学习目标就要一成不变地按照学习目标来学习，及时调整目标，灵活变动也很关键。比如：当你因为没睡好，感到自己学习效率明显低下时，就可以暂停学习计划，好好休息；当你跟不上老师的节奏时，就不能再往前学新知识，否则便消化不了知识，造成不懂的知识堆积得越来越多；当你感觉自己学习状态特别好，能沉下心来认真做题时，就可以抓住这个时间多做一点练习题。

1.2 学会自我剖析：找准优劣，精准发力

古希腊哲学家泰勒斯说过："人生最困难的事情是认识自己。"同理，在学习中，最困难的事就是学会自我剖析。学会自我剖析后，你会发现自己将前所未有的自信。

自我剖析有什么用？

明确了学习目标之后，很多学生会立马制订学习计划，其实这是一种很常见的错误做法。在做计划之前，首先我们得学会自我剖析。为什么？下面我来分析一下自我剖析的好处。

◎增强学习动力，提高积极性

学习动力的来源多种多样，主要分为内部因素和外部因素两大类别。内部因素中，付出后得到好结果，非常有利于激发学习动力。那这和自我剖析有什么关系呢？

假如你在某次月考中成绩有所提高，经过自我剖析得出是上个月坚持课前预习使学习变得轻松又高效，那么在接下来的学习中，就可以保持这个好习惯。

因为你的付出得到了正向反馈，学习自然更有动力、更积极。这是自我剖析的第一个好处。

◎精准定位，快速找到合适的学习方法

自我剖析最直接的作用是，精准定位学习成绩，匹配合适的学

习方法。具体该怎么操作？

首先，我们应该明白一张试卷的总体难度比例一般为7∶2∶1，也就是基础题占70%，中档题占20%，难题占10%。

结合自身情况看，如果你的学习成绩优异，那么你就可以在掌握了中等题和基础题的基础上，着重研究难题，这样就能和别人拉开差距；如果你是中等生，就要必须掌握基础题，着重掌握中等题，适当挑战难题；如果成绩较差，可以直接舍弃难题，把时间放在基础题上，适当掌握中等题。千万不要小瞧基础题，假如把一张总分150分的试卷的基础题都做对，至少可以拿到105分。

不同学习成绩，对应的具体学习方法

学习成绩	难题	中等题	基础题
优异	着重研究	必须掌握	必须掌握
中等	适当研究	着重掌握	必须掌握
差生	×	适当掌握	重点掌握

极简学习法讲究简单和快速，自我剖析完后，可以直接比对上面的表，迅速匹配适合自己的学习方法。这是学会自我剖析带来的第二个好处。

◎积累自信，顺利度过学习倦怠期

自我剖析可以让我们对自己有清醒的认知。比如：我们已经很清楚地知道自己擅长做哪些题目、强项是什么、有哪些难点需要攻克、哪些题目和知识点暂时放着也不影响学习成绩、学习的劣势在哪儿等。

这个过程中，就算我们看到了不足的地方也不焦虑，因为我们知道从哪里去攻克。这是自我剖析带来的底气和自信，当自信不断积累，就容易产生一种强大的内驱力，帮我们顺利度过学习倦怠期。

自我剖析的具体方法是什么？

了解了自我剖析带给我们的好处后，接下来我教你用SWOT分析法进行自我剖析。SWOT分析法也叫态势分析法，是四个英文单词的缩写：Strength（优势）、Weakness（劣势）、Opportunity（机会）、Threat（威胁）。SW用来分析内部条件，OT用来分析外部条件。为了方便你理解，我用象限把它们的关系表示出来：

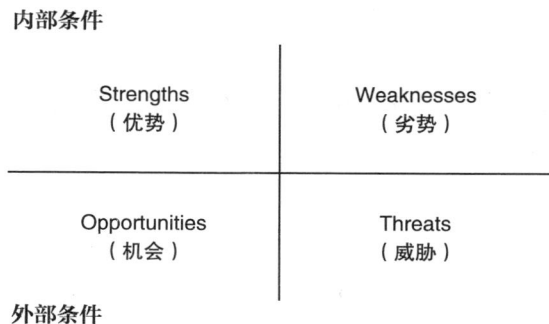

内部条件

Strengths （优势）	Weaknesses （劣势）
Opportunities （机会）	Threats （威胁）

外部条件

1. Strengths（优势）

优势属于SWOT分析法中的内部条件，意思就是别人做不到，你却能轻松做到的事。比如：你善于做笔记；注重学习思路，不搞题海战术；你上课可以比别人多专注十分钟；心态比别人更稳定，不骄不躁；等等。

2. Weaknesses（劣势）

自我剖析中分析劣势同等重要，拿物理来举例，某些擅长形象思维的学生的逻辑推理不太强，那么就可以多巩固一些基础知识，反复加强旧知识的掌握和应用。例如：高中物理中电磁感应部分较难理解，力学的部分相对简单，那么这些学生就可以着重抓力学部分的分数，不死磕劣势部分。

3.Opportunities（机会）、Threats（威胁）

机会和威胁是SWOT分析法中的外部条件，机会指的是有利的外部条件，比如学校环境好、师资力量强等；威胁指的是不利的外部条件，比如家庭矛盾对学习的影响等。虽然外部因素有时是无法控制的，但我们也可以通过分析来把握"机会"，并尽可能降低"威胁"对自己的影响。

在实际学习中如何找到自己的优势与劣势？

我们要明白找到优势与劣势的目的是自我剖析，自我剖析是为了找准适合自己的学习方法，提高学习成绩。找到自己优劣势的下一步，就是在有限的时间里把这两者结合拿到最高分数。接下来我们看看在具体学习中应该从哪些方面找自己的优势和劣势：

◎试卷

在试卷中找学习优势并不是让你看总分数，而是看各个题型的得分。以高一的一次语文月考模拟题为例，把题型、满分、得分和占比罗列出来，得到下表：

高一语文月考模拟题

题型	现代文阅读	古诗文阅读	语言文字运用	写作
满分	35分	35分	20分	60分
得分	30分	20分	18分	52分
占比	86%	57%	90%	87%

从占比中可以得知，这位学生的整体优势是现代文部分，劣势是古诗文部分。其实，古诗文部分主要考查的是对全文的理解。

可以把对现代文的理解逻辑转换到古诗文中，用自身优势弥补劣势，再积累一些平时课本中古诗文常见的词汇和句式。

这是第一种方法。

◎ 各科成绩

从各科成绩中找自己的优劣势很简单，只需要看每个学科的总分数。比如：每次考试中你的语文分数总是比数学分数低；历史分数总是比化学分数低；英语分数总是比物理分数低。

根据这样的规律可以总结出：理科类是你的学习优势，文科类是劣势。基于优势学科，可以制订更高的学习目标。

比如，在学习高中物理"万有引力定律"这一内容时，你的学习目标就不应该再是"了解万有引力定律的思路和发现过程、知道万有引力定律的适用范围"这么简单，而应该把目标设置为：熟练使用万有引力定律，解决各种难度的引力计算问题。

把优势与劣势结合，可以从学习时间下手，比如：你有一个半小时用来写物理作业和英语作业，可以只花半个小时写物理作业，剩下的一个小时时间都用来研究英语。这种做法相当于把花在优势科目上的时间省下来弥补在劣势科目上。

这是第二种方法。

◎学习软性能力

你有没有发现在学习新知识的时候，有些同学很快就能跟着老师的思路走，有些同学却很难进入学习状态，心中总是有杂念出现，容易走神？这和学习的软性能力有关。

什么叫学习软性能力？就是指那些看不见、摸不着却对学习很重要的能力。比如理解力、记忆力、注意力、自觉性、专注度、勤奋等，无法用具体方法去衡量的能力。

怎样发现自己在学习软性能力方面的优劣势呢？我在这里给你一些思路。

上课时可以自我感知学习专注度；下课后可以规定一个时间来记忆某个知识点，以此来衡量记忆力；学完一个新知识点后多做课后习题，通过正误率，来评定对新知识的理解能力。

学习软性能力方面的优势需要很长时间去发现，但也算是一种发现优势的方法。

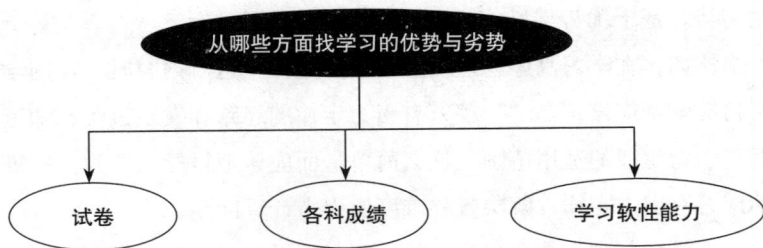

从哪些方面找学习的优势与劣势

- 试卷
- 各科成绩
- 学习软性能力

自我剖析时需要注意什么问题？

◎自我剖析不能偏离主题，围绕着学习目标

在很多学习情境下都会用到自我剖析，注意每次自我剖析之前都应该有一个主题。比如：高一上学期学习总成绩自我剖析；物理学科自我剖析；第一个月学习状态自我剖析；等等。

每次自我剖析的内容都不一样，但一定不能脱离学习目标，否则就没有意义。

◎不要对自我剖析的结果情绪化

自我剖析会让你看到自己的优势和不足，如果暴露出的问题太多，切忌沮丧。自我剖析最终的目的是解决问题，提升学习成绩，而不是增加自己的心理负担，要避免对结果情绪化，丧失信心。

1.3 制订一周计划：持续计划，不断进步

"凡事预则立，不预则废。"换句话说，做任何事都需要提前计划周全，才能更大概率地获得成功。

《三国演义》中的赤壁之战就是典型的例子，战前刘备方面先与孙权方面做了充分的交流沟通，统一了"共同对付曹操"的思想；在战中实施草船借箭行动，解决了兵器不足的问题；为确保战役胜利，诸葛孔明观察天象，判断几天后风向转变，解决了火攻的风向问题，同时还演出了"周瑜打黄盖"的苦肉计，派黄盖诈降。经过这一系列准备，才最终赢得胜利。

学习也是如此，当你明确了学习目的，也很清楚地剖析出自己的优势和劣势，下一步要做的就是制订学习计划，为取得满意的学习成绩做充足准备。接下来，我拿如何制订一周学习计划来举例。

什么是一周计划？

一周计划指的就是通过制订一周的学习计划，帮助我们养成良好的学习习惯，最终提高自主学习的能力。制订一周计划有哪些好处？

◎培养自主性，加强自我管控

学习周计划并不是把眼前所有想到的零碎事件乱七八糟地堆积在一起，来胡乱填满一周的时间，而是要围绕目标，列举出这一周重要的事和必须完成的任务。而且，周计划并不意味着只计划一

周，它是一个长期任务。

比如：高三复习物理的目的是"把握高考复习全过程"，那么我们就可以把整个高三的时间分成不同阶段，每个阶段都制订周计划。在这一过程中，只有严格管理好自己，才能很好地实现总目标，实际上在这一过程中也加强了学习自主性。

◎养成良好习惯，促进不断进步

我们制订计划是为了达成目标，由于周计划是持续不断的，所以这一学习方法也在帮助我们养成习惯。好的学习习惯一旦养成，学习成绩提高也是顺其自然的事，漫长的学习生涯不仅会因为不断进步的学习成绩越来越自信，还会充满幸福。

◎学习任务按计划排序，减轻时间压力

周计划存在的意义就是用时间来衡量任务，如果想在规定的时间完成规定的事就必须遵守"专门的时间干专门的事"这一原则。比如：规定一个专门的时间（可以是大课间30分钟或者晚自习时间）整理错题集，而不是一有错题就花时间记在错题本上。后者看似在利用小块碎片时间，实际上花费的时间可能还要多于整块时间。

需要注意的是，在这段专门的时间内，不能处理任何与这件事无关的信息，通过这种方式来提升专注力和学习效率，集中处理信息，减少碎片时间的浪费，减轻因为时间不够用产生的压力。

一周计划在实际学习中该怎样运用？

每个年级、每个学科做的周计划都不相同，下面我来举一些例子：

◎ 周计划在高中生物复习中的运用

高考生物复习一般分为三轮，第一轮复习基本按照单元顺序来复习，这时候的周计划就可以按照单元来。主要要巩固基本知识点，一般说来这个阶段花费的时间是18～20周。

第二轮复习以专题复习为主，也就是整合课本内容。这一阶段可以安排6～8周的计划来复习，主要是为了方便我们解题时能对知识迅速准确地提取和应用。

周计划在高中生物复习中的运用

阶段	花费时间	复习重点	举例
第一轮复习	18～20周	按照单元顺序来复习	生命的物质性观点；结构和功能相统一观点；生物的一致性观点；生物体局部与整体相统一观点；生命活动对立统一观点；生物进化观点；生物与环境相统一的观点；生物多样性的观点……
第二轮复习	6～8周	以专题复习为主	生物体的功能（包括生命活动的调节和免疫）；遗传和进化（包括基因工程）；生命与环境以及微生物与发酵工程……
第三轮复习	4～5周	高考习题演练	历年高考真题试卷、高考模拟题

第三轮复习就是习题演练，花大量时间刷题，做一些高考模拟题，安排4～5周的计划就够了。

高中生物的全盘复习周计划就可以按照上面的方式来，每周按照每个阶段的重点列出详细的周计划，合理安排复习内容，坚持按时完成计划。

◎周计划在英语学习中的运用

总复习阶段要制订周计划，平时的学习中也要学会制订周计划，比如制订英语学习周计划时，就可以按照"每天主要复习英语的一个方面"来制订。

比如：周一计划解决单词的复习和预习，因为是单词记忆，所以不需要把晚自习的时间拿来单独记忆，只需把长一点的课余时间利用起来即可，如中午饭后到午睡间的休息时间、晚上睡觉前的半个小时。可以只用午休时间中的半个小时或者40分钟来记忆，不用把所有的午休时间都拿来记单词，中午要休息好。

周二计划进行语法练习的训练，比如：温习课文的语法部分内容；自己总结一下本课的语法点要注意的问题；做与此语法点相关的语法练习；总结今天语法练习的问题，理清自己的解题思路；等等。注意这里的训练一定要找整块的时间来做，也就是前面提到的专门的时间做专门的事，最好是找40分钟到一个小时的整块时间来做这件事。

周三计划课文阅读，比如：大声朗读课文，熟记重点段落；弄懂每句话的意思；复习上课笔记；仔细分析自己选出来的重要句子；等等。

周四计划只复习某一种习题，例如阅读理解或者完形填空。这里可以用碎片时间来完成这一计划，比如午休、课间、睡前等时间。

周五计划复习作文，比如：背诵作文要用到的句子；集中复习每次考试时遇到的作文；背诵优秀作文；等等。

周计划在英语学习中的运用

天数	复习内容	方法/时间段
周一	单词的复习和预习	课余时间记忆,碎片化时间记忆也行。
周二	语法	温习课文的语法部分内容;自己总结一下本课的语法点要注意的问题;做与此语法点相关的语法练习;总结今天语法练习的问题,理清自己的解题思路。
周三	课文阅读	大声朗读课文,特别是要求熟记的段落更应该熟记,弄懂每句话的意思,并复习上课笔记,仔细分析自己选出来的重要句子。
周四	只复习某一种习题	利用碎片时间。
周五	作文	背诵作文要用到的句子;集中复习每次考试时遇到的作文;背诵优秀作文;等等。

可以用不同的逻辑来制订周计划,可以以每个阶段的复习重点来制订周计划,也可以围绕专题来制订周计划。无论用哪种逻辑制作周计划,只要围绕最终要达到的目标来制订都是可以的。

一周计划在具体使用时应该注意哪些问题?

◎不要拖延

需要注意的是,制订了计划要立马行动,很多学习任务不能拖延,越拖延出现的问题就越多,难度也会越来越大。立即行动不仅杜绝了拖延现象产生,还不会漏掉周计划上的每一项任务。如果我们时刻遵循马上行动和"今日事,今日毕"的原则,一旦某项学习任务完成，就可以放心把这项任务从周计划列表中删除。

◎不要在周末安排太多学习任务

很多学生有一个误区，那就是遇到周末或者节假日时，喜欢背一大包书回家，误以为自己会利用这段时间好好学习。实际上这类学生也仅仅是背了一大包书回家而已，由于放假根本没花心思在学习上，有些书甚至没翻开过！

周末并不是学习时间的延续，而是用来放松休息的，放松在学习计划中也很重要，可以打打羽毛球，做做体育锻炼，或者和同学去逛逛街。切记周末别把自己绷太紧，该放松的时候要放松，做到"玩时好好玩，学时好好学"。

1.4 精简学习资料：提取重点，拒绝负重

古语有云："工欲善其事，必先利其器。"工匠想要做好工作，一定要先让工具锋利。同样，学生想在学习中脱颖而出，就要学会从众多学习资料中筛选出最适合自己的资料。

什么是精简学习资料?

所谓精简学习资料，就是指使用少量的学习资料来学习，拒绝多而冗杂的教辅资料，以此提高学习资料的有效利用率，达到最佳的学习效果。

◎适合自己，减轻负担

市场上的学习资料多种多样，但不是每种资料都适合自己，适合自己水平的教辅资料才是最好的。比如：物理基础薄弱的学生在选择物理教辅资料时，就应该选择配合教材进度、题目讲解详细、概念剖析透彻的教辅资料；物理基础扎实但还没形成系统的物理思维的学生，就需要选择题目类型丰富、题目综合、可以培养物理思维的教辅资料。所谓精简学习资料，就是要找到最适合自己的资料，减轻学习负担。

◎精简资料，节省时间

精简后的资料，因为适合自己实际学习，学生可以借助这些资料进一步完善知识体系，总结解题方法，节约时间和精力。每个学

习阶段精简的学习资料也不一样，比如：专题复习阶段可以选择一些已总结知识点并有习题和讲解的学习材料，这样就帮助学生节省了大量时间整理复习内容。

在实际学习中该怎么精简学习资料？

在实际学习中我们应该怎样精简学习资料，做到从根上消化知识呢？下面我以具体的学科为例。

◎精简学习资料在数学中的运用

初中数学复习阶段想要提高复习效率，必须合理利用复习资料，可以从两方面精简复习资料。一方面，复习资料的内容一定要丰富并且系统性要强，要涵盖课程标准要求的所有知识，不能遗漏一个知识点。另一方面，复习资料中的题型必须经典且有代表性，不要选择那些有大量偏题和怪题的复习资料。

除此之外，还可以根据不同的学习阶段来精简学习资料，比如：基础巩固阶段可以选择以课程标准和课本教材作为基本的复习资料，这样既可以掌握考试范围和重难点，又可以复习巩固初中数学的基础知识，像基本原理、定理、公式、概念以及传统的解题思路等。

在专题复习阶段精简的资料又不一样，可以选择一些有专题知识点归纳总结并有对应习题的复习资料，比如"边讲边练"类型的复习资料。在复习完一部分知识之后，马上就可以做对应的习题，巩固知识。

在查漏补缺、综合复习阶段则可以把资料精简成有经典习题的资料，像真题、全国考试习题汇编集等。这些精简资料主要是为了让我们掌握更多的解题技巧，提高解题效率，以及熟悉考点和真题。

初中数学复习不同阶段如何精简资料

阶段	举例
第一阶段：巩固基础	选择以课程标准和课本教材作为基本的复习资料
第二阶段：专题复习	选择有专题知识点归纳总结的复习资料，要对应相应习题
第三阶段：查漏补缺	选有经典习题的资料

◎精简学习资料在物理中的运用

想要精简物理学习资料首先要明白自己的"需求"是什么，比如：在高一阶段要精简自己的物理学习资料，那么需求可以是"选择侧重基础内容的学习资料"，因为高一阶段很有可能难以全部消化老师所讲的基础内容，所以可以选择概念的由来、公式和规律的推导、课堂小结等方面的资料。这类学习资料可以帮助你更好地掌握课堂知识、加深对知识的理解。

每个阶段的学生需求都不一样，如果是高二的学生，很可能会选择综合运用知识点的学习资料。因为到了高二会更注重培养解题思维，所以可以选择方法归纳、解题技巧、有详细解题步骤等方面的资料。精简后的这部分资料可以很好地提升自己对知识的理解能力，最终提高学习成绩。

物理学科基础特别重要，按照自己的实际需求来精简学习资料，才能更好地提取重点，消化掌握基础知识。

精简物理学习资料

阶段	精简资料的方向	举例
高一	选择侧重基础内容的学习资料	概念定义和规律、概念的由来，公式、规律的推导，课堂小结等方面的资料
高二	选择综合运用知识点的学习资料	方法归纳、解题技巧、有详细解题步骤等方面的资料

◎精简学习资料在英语中的运用

应试英语可以按照模块来学习，比如听力部分、阅读理解部分、完形填空部分、作文等。同样的逻辑也可以用到精简学习资料里，意思就是在精简英语资料的时候遵循内容有偏重的原则。

比如：你在英语阅读理解版块失分比较多，那么就可以把学习资料精简为"英语阅读版块的学习资料"或完全的英语阅读专练。

如果是词汇掌握得不好，那么就可以把学习资料精简为"英语词汇方面的学习资料"。通过参考这些学习资料，可以针对性地帮助你解决英语词汇方面所存在的问题，有效地提高英语成绩。

总之，要精简英语学习资料一定要遵循内容有侧重的原则，并参考自己的实际学习情况，从而保证这些精简的英语学习资料对自己有帮助。

精简学习资料要注意什么问题？

◎勿过分依赖学习资料的作用

虽然精简后的学习资料对我们很有帮助，但是很多学生只知道一心做题，忽视回归课本。如果做完题之后不及时查漏补缺，也不分析总结，对这样的学生来说，学习资料没有充分利用，甚至会浪费时间。

学习大部分目的是对知识的总结，但不要因为有了学习资料就偷懒，不自己总结知识，太依赖学习资料。合理利用，才能巩固知识，提高成绩。

◎买适合自己的，切忌盲目跟风

前面提到各个阶段精简的学习资料都不一样，按需选择精简后的资料，善于利用这些资料。切忌盲目跟风买不适合自己的资料，不要因为同学买了或者某个名家推荐就选择不适合自己的资料。这样会导致抓不到学习重点，也不能高效利用资料。

1.5 二八学习法：衡量价值，事半功倍

任何一件事都有价值，就像粮食能充饥、衣服能御寒。然而并不是所有价值都为我所用，我们的精力有限，因此要学会衡量和取舍。

唐代著名诗人白居易在《策林》中说："善为理者，举其纲，疏其网。"纲，本义是渔网上的总绳，有经验的渔民只要提着渔网的总绳，向下撒开，渔网一下就能张开，极大地提高了捕鱼效率。白居易借这句话来说明善于治理国家的人总能找到处理事情的关键，并花大部分精力将其攻克，达到事半功倍的效果。"诗圣"杜甫也说："射人先射马，擒贼先擒王。"

学习也是如此，应学会找准重点，衡量价值，把精力留给重要的事。二八学习法就是教我们合理分配精力的方法。

什么是二八学习法?

所谓二八学习法，就是花80%的时间，弄懂20%的重要概念，让这部分概念带给我们80%的成果，最终提高学习分数。

◎聚焦有用信息，稳抓每点分数

20%的概念之所以重要，是因为这些概念占80%的分数。

花精力把这部分知识搞懂，就相当于抓住了80%的分数。很多学生会陷入只攻克难点，却忽视基础的误区。实际上难点最多占比20%，就算花大部分精力把这部分知识弄懂，也只能拿到20%的分数。

二八学习法之所以极简又有用，是因为它能把最有用的信息聚焦起来，不放过你应该得到的每一分。

◎ 找出核心问题，快速有效进步

确定这20%的重要概念后，接下来你要做的事情是弄懂这部分概念。这个方法很适用于学习时间不够用，且不知道从哪里下手提升自己分数的学生。比如：老师现在已经复习完整本书的内容，要进入刷题阶段，但因为你前期基础没打牢固，导致跟不上老师的步伐。这时该怎么办？

不用心慌，我的建议是直接运用二八学习法，有所取舍，大胆舍弃非主干知识。找到那些核心问题，准确定位考点，重点攻克这部分内容，用最快的速度来提升自己的分数。

◎ 合理分配时间，注重精力管理

二八学习法能让你合理分配时间，让你把时间和精力花费在重点知识上。

选择性地分配时间和精力，找到对我们价值最大的事，这样在学习过程中才不会迷茫。

二八学习法如何运用在实际学习中？

既然那20%的知识这么重要，那么我们如何才能找到这部分内容呢？接下来我为你具体讲解。

二八学习法在各个学科中的运用逻辑是相同的，这里我提供三种方法来帮助你抓到这20%的内容。

①看相关知识黑体字

每个学科的教材上，每个章节里都有黑体字内容，你需要做的是找到这部分内容并花时间真正搞懂它们的内在含义。黑体字内容通常是重要概念、定律和结论，是一定要理解和记忆的知识点。

②看插图

除了黑体字内容，插图内容也很重要，不能忽视。它不仅涵盖了课文文字叙述，还有一些课本文字不涉及的知识。在看插图的时候可以多多比较不同插图的异同。

③重新审视错题

为什么要重新审视错题？因为只用研究20%的错题，就可以总结出错误的根本原因，继而大大减少花在错题上的时间。

具体做法是在重新审视题目时，看看哪些题目通过纠错还没有真正理解，它属于哪一类错误。知识性的错误属于哪类知识，技巧性的错误属于哪类技巧。然后将这些题目提取出来再次复习纠错，通过再度纠错真正内化这些题目以及题目考查的相关知识。

最后举一反三，避免再次犯错。

◎二八学习法在生物复习中的运用

生物复习也可以运用二八学习法，接下来我用具体的例子告诉你，如何找到生物复习中那关键的20%。

生物复习总共可以分为三个层次的20%，第一个层次是课本中"关键的20%"；第二个层次是每一主题模块里"关键的20%"；第三个层次是每一章节"关键的20%"。

先来看第一个层次，抓住课本中"关键的20%"。首先，我们可以把知识点分为六个模块，分别是分子与细胞、遗传与进化、稳态与环境、生物技术实践、生物科学与社会、现代生物科技专题等内容。其次，按照课程标准总结常考的考点，分别是分子与细胞、遗传与进化、稳态与调节、生物与环境、生物技术与工程中的诸多内容。

再来看第二层次，抓住每一主题模块里"关键的20%"。高考题目虽然每年都在变，但是它的命题思路是永恒的，都是"重点知识年年考，主干知识侧重考"。比如，细胞的代谢、细胞的生命历程、生命活动的调节、生物与环境等。这几部分是高中生物学知识的主线，也是高考命题的重点和难点。它们也就顺理成章地成了这些模块里"关键的20%"。这些复习内容一定要重视，不仅要吃透而且还要熟练运用。

第三个层次是抓住每一章节"关键的20%"。有四种方法可以参考：第一种方法可以按照老师提供的重点来抓这关键的20%。第二种方法可以多研究《课程标准》，来了解高考考查的知识点及考查要求。第三种方法是多研究高考真题，发现高考的命题趋势。第四种方法是根据生物学的核心概念来定位每一章节关键的20%在哪里，根据概念来梳理核心知识点。

二八学习法在生物复习中的运用		
第一个层次	课本 "关键的20%"	按照课本把知识分不同模块，或按照课程标准总结。
第二个层次	每一主题模块 "关键的20%"	按照"重点知识年年考，主干知识侧重考"的思路，吃透内容且熟练运用知识点。
第三个层次	每一章节 "关键的20%"	①按照老师提供的重点； ②多研究《课程标准》； ③多研究高考真题； ④生物学的核心概念

◎二八学习法在英语听力中的运用

想要英语听力拿高分，一定要积累词汇，熟悉语法。二八学习法在英语听力中的运用，我重点讲讲，如何只付出20%，得到80%的收获。

①抓住题目特点，科学预测问题

预测的意思是指根据已知的语言信息，对未知信息迅速做出判断。预测分两个阶段，一个是英语听力之前，一个是英语听力中。

做听力理解之前，可以根据各种信息，比如所给的问题、答案选项、段落或对话标题等，对即将听到的材料内容进行预测。

在听的过程中，根据已获得的有关信息线索，如标题、主题句、句子结构、词的运用、句子的语法关系、语言环境等，预测情节的下一步发展或说话人下一步要叙述的内容。

比如，我们看到四个答案选项分别是：

A. At a bus stop　　　　　　　B. At a bank

C. At an airport　　　　　　　D. At a railway station

那么我们就可以根据答案，预测出这一个听力问题是地点类问题。在听力过程中，只要捕捉到与地点有关的关键词语，就能收到意想不到的效果。但是在听的过程中，也要注意分辨出哪些是误导项，哪些是真正我们要的答案。

②捕捉重要信息，抓住不同要点

在听力过程中，如果有一个词没听清楚，千万不要紧张或停下来琢磨。其实，只要我们做好了上面讲的那一步，在听力过程中，只需要抓要点和不同段落的主要信息就可以选出答案。

因为在英语听力中，会出现很多重复的语句，这些冗杂信息完全没必要字字句句都听清楚。在语句中有时还会插入 you know、I mean、in other words、that is 等过渡的废话。

我们要学会在纷繁复杂的语音材料中，迅速地找到自己所需的有用的信息，有选择性地听记一些与内容或主题句相关的重要信息，这些重要信息大概只有全文的20%。比如：

> It was very crowded in the bus. A lot of people were standing and it was noisy.

听完第一句就已经获取了"公共汽车里很拥挤"这一重要信息，第二句只是对第一句的进一步说明，如果没有听懂"standing"或"noisy"等词，也能根据常识知道拥挤的情形，不会影响对整体的把握。所以，我们只需要在听力过程中抓住文中大概20%的重要信息，就能收获至少80%的效果。

当然，这只是一个简单的例子，随着高中阶段英语听力考试的发展变化，读者也需要与时俱进地灵活运用二八学习法。

运用二八学习法要注意什么问题？

◎ 难点不是关键的20%

在二八学习法中，关键的20%的内容是重点知识，并不是指难点，千万不要混淆这两者。

比如上面提到的生物知识，关于遗传的知识基本每年都考，但遗传题中的概率计算部分，是很有难度的内容，如果在考试时实在不能解答，就没必要花大量时间去做这部分习题，避免出现后面几个大题仓促完成或来不及完成的现象。把会做的题目做好，难题就算没有完全解答也没有关系，也能保证得分率。

这一点既是答题技巧上的注意点，也是二八学习法需要特别注意的地方。

◎ 不要忽视剩下的80%内容

二八学习法主要针对学习时间不够用的情况，但不是每个阶段的学习时间都不够用，因此不要忽视剩下的80%的内容。

需要注意的是，二八学习法里20%的知识虽然是重点知识，但其他知识也要学，这样才能构建整体的知识结构体系。

1.6 闭环学习法：简单三步，轻松学习

"环环相扣，步步推进"是做每件事都应该有的逻辑，同样，闭环学习法也是如此，只需用三个环节就能一步步推进学习。

什么是闭环学习法？

闭环学习法指按照固定的步骤循环学习，让学习过程达到闭环状态，使学习变得轻松。它由三个步骤组成，分别是：预习、学习、复习。

第一步：预习

预习是闭环学习法的第一步，指的是先自行了解、思考和质疑要学习的知识内容，属于自主学习行为。

不同学科有不同的预习方法，比如：预习语文和英语就可以采取大声朗读的方式；预习数学则采取推导定义、公式的方式。无论采取哪种方式预习，都是主动学习的表现。

第二步：学习

预习后，闭环学习法的第二步就是展开学习。这里的学习指的是，在课堂上认真听老师讲解。这既是一种知识索取，也是培养专注力的方法。

每个老师都有不同的教学习惯和教学方法，但是只要在课堂上跟着老师的思路走，再结合每个学科具体的听课学习方法，都能把闭环学习法的第二步做好。

第三步：复习

闭环学习法的最后一步是复习，复习分很多阶段，每个阶段都要复习。比如：上完新课当天要复习、一个章节学完要复习、整本书学完要复习。复习是闭环学习法里很关键的一步，少了这一步闭环就无法循环。

闭环学习法如何运用在实际学习中？

虽然闭环学习法只有简单的三步，但不同学科有不同的运用方法。接下来，我以数学、语文、化学为例进行简单讲解。

◎闭环学习法在数学中的运用

我们先来看闭环学习法的第一步：预习。预习数学不仅仅是简简单单地看一下书，它有一定的方法和技巧，总共分为四步。

第一步，用最快的速度阅读理论知识，熟悉概念、法则、公式、定理等内容，并且能把这些法则、公式、定理转化成数学语言。比如：几何的定理，要能画出图形，结合图形写出定理的"∵"（因为）、"∴"（所以）推理形式。在做这一步时，遇到不明白的地方，用笔做好标记，以明确上课时听讲的重点。这是第一步预习的重点。

第二步，用最快的速度做课本中预习内容对应的基础题。如果遇到做不出的题目，先暂时不管，把这部分题目做好标记，继续做其他题目，首先要保证把会的题目做好。如果做完课堂练习后发现有许多题目做不出，那就在老师上课时好好听讲。

第三步，看参考书里与你预习那一节课的有关内容。其实这一步用的方法与第一、第二步一样，只不过预习书籍从课本变成了参考书。之所以看了教材预习还要看参考书预习，是因为教材只是一些简单的基础理论知识，而参考书里面有一些新旧知识的衔接，能巧妙地把新知识和旧知识串联起来。在做一道题时要明白它的典型解题步骤，并且懂得解题模式。

第四步，做课本中预习知识对应的大题。预习不仅要做基础题目，还要看大题。

预习是为了对将要学习的内容有一个初步的了解，为听课做更好的准备。预习完之后，就可以开始闭环学习法的第二步——学习，说得直白点就是仔细听老师讲课。但是在数学课堂学习中有一些技巧：在上课过程中保持注意力集中；多想老师讲的内容，多问为什么；做好笔记。通过"想—问—记"的方法在数学课堂中跟着老师学习。

复习是闭环学习法的最后一步，在数学学习中我提供两种复习方法。第一种方法是复习基础知识，要温习书本内容和笔记。第二种方法是复习数学思想，温习分析习题的步骤和解决问题的逻辑。

◎闭环学习法在语文中的运用

语文的预习方法和数学的预习方法有很大的差别，这里我列举四种语文预习方法。

第一种：朗读法。预习时的朗读一般可读三遍。第一遍重在巩固生字的读音，要读通读顺；第二遍要注重文章内容、思想意思；第三遍要注意文章结构、写作方法。按照这个方法读完三遍文章，相信你已经能够了解文章的形式和内容了。

第二种：提纲法。意思是通过列出文章提纲，准确地把握全文要点。用这种方法预习时，要及时抓住文章中的总结句、中心句和过渡句等重点句和重点段。

第三种：摘抄法。把自己感兴趣的或者是提纲中列出的重点内容，分门别类地摘录下来，进行归纳整理，以便理解课文，把握中心，用动笔的方式帮助预习。

第四种：圈点法。指的就是勾画出重点词句、关键性的语句或疑难之处。比如：《荷塘月色》一文在用圈点法预习时，就可以勾画出"这几天心里颇不宁静"，也可以画出文中"泻""浮""画"等词语。

预习完之后，开始进入课堂学习阶段。想要高效听语文课，可以运用以下几个方法：

边听边看法。可以听老师对语文课文的分析，听老师的提问，听老师的总结，等等。在上课过程中除了听，还要看，看老师的板书，看老师的挂图，看老师的演示等。用听看结合的方式来学习，不仅可以通过老师的声音来记忆概念，还能结合图像直观地强化具体的知识点。

符号助记法。在听课过程中，我们不可能把老师所讲的话全部记住，这时候就可以借助一些符号来帮助自己记录。比如重点语句用着重号、波浪线或三角号，疑难问题打问号，等等。只要自己懂，可以根据自己的习惯利用各种符号来做笔记。

主动参与法。它的意思就是主动参与到课堂中，比如积极举手发言。在语文课堂上发言，不仅有利于提高表达能力，还能加深对课文的理解和记忆，通过这种方式保证学习效果。

闭环学习法在语文复习中的运用，可以从老师课上讲解的重点内容、自己课堂上提问的内容、书本上勾画的内容这三大方面来复习。

◎闭环学习法在化学中的运用

预习化学的逻辑和预习数学的逻辑相似，这里我为你介绍三种，分别是章略节详法、前后关联法、习题试解法。

先来看第一种方法：章略节详法。这种方法是指在学习新一章内容之前，先浏览一下大概内容，在学习每节内容前，再比较详细地预习每节的内容。具体做法是：粗读一章的内容，将这一章的重点、难点和疑点理出头绪，想一想每一节的主要内容是什么，哪些知识是记忆性的，哪些知识看不明白等；在对大致内容有所了解的基础上，再详细阅读将要学习的某一节，从而确定这一节的重难点。这样就为上课时弄懂、掌握、记忆所学知识打下了坚实的基础。

再来看第二种方法：前后关联法。我们在开始预习某一部分知识时，可以想一想前面所学的内容，然后再大致翻一翻后面要讲的内容。这样可以把新旧知识联系起来，有时甚至能由已知知识推测未知知识，从而达到掌握知识的目的。

第三种方法是：习题试解法。这种方法是指在预习完教材后，马上看一看课后的练习题，然后对照教材试着解答，在试解的过程中进一步理解教材。比如在学习"氧气的制法"这一内容时，通过对习题的试解，就能总结出该部分的重点内容：制取氧气的原理；制取氧气的装置；催化作用和催化剂的概念；分解反应的概念、特点；等等。这一步和数学预习逻辑有点像。

根据闭环学习法，预习后下一步要学习，这里我提供两种上课认真学习的方法。

第一个方法是：做最简洁的笔记。化学学习有很多概念和方程式，一部分学生在学化学的时候会照搬老师的课件内容，甚至整堂课都在忙着做笔记，忽视老师所讲的重点内容。回头看才发现笔记中的大部分内容书中都有，我们在听课记笔记时应该挑最简练的内容。比如：易错的地方；某些解题技巧、典型例题等。

第二个方法是：跟着老师的思路走，避免以自己的想法为主。

老师在课堂上可能不会讲书本上的所有内容，有些学生会发现有些预习的知识老师根本没讲，这时候切忌自以为这部分知识很重要。每位老师在课前都有充足的准备，他们会舍弃一些知识，所以在听课时一定要跟着老师的思路走，不要靠自己抓重点。

复习在化学闭环学习法运用中，可以复习预习时做的习题、前后关联的知识、课堂上的笔记等。

运用闭环学习法要注意什么问题？

◎闭环学习法不是每一个学习阶段都适用

不同的学习阶段适用的极简学习法不同，闭环学习法更适合在学习新知识阶段使用，因为它是一种学新知识的思维。切勿在学新知识之外的学习阶段滥用这个学习法。

◎不要忘记让闭环循环起来

上面讲到的"预习""学习""复习"仅仅代表一个完整的闭环，在复习完成之后并不代表闭环就结束了。可以用这三个固定的步骤，应用到接下来的学习中，这样才能保证闭环的循环。让闭环循环起来，是运用这一极简学习法的目的，只有这样才能达到轻松学习的效果。

◎不能改变闭环中每一个步骤

注意闭环学习法的三个步骤是固定不变的，不能随意变动顺序或内容。按照"预习—学习—复习"的方法排列，是因为闭环学习法也要环环相扣，一环扣一环地推动学习进程。

第二章

持续行动，让学习体系自动化

　　机会只留给有准备的人，同样高分只给那些保持良好学习习惯且持续学习的学生。

　　选对学习方向后下一步就要开始行动。

　　如果你想要成为一个有持续性行动力的人，掌握一些简单的方法会使你在面对任何学习处境时，能迅速进入学习状态。

　　本章从构建极简思维开始，告诉你怎样毫不费力地养成一些微小的学习习惯来自我管理，怎样用极简行动力开展学习，怎样用极简逻辑学发现学科规律。掌握了这些极简学习法还不够，还要以更包容的心态去学习，帮助我们快速达成目标。

　　这些步骤是学习体系自动化的必经之路，那么具体如何做呢？本章我会一一告诉你答案。

2.1 极简思维：快速找到那条最短的路

人们常说思想决定行动，换一种说法，也就是：你采取什么样的行动，取决于你的思维。想要用极简学习法来学习，首先就得简化我们的思维。

什么是极简思维？

所谓极简思维，就是摒弃那些复杂的思维方式，只从一点入手，找到学习的关键，从而简化学习方式，实现学习目标。

◎砍掉细枝末节，聚焦核心知识

极简学习法单从一点来分析问题，崇尚"少即是多"。比如：你想使用框架学习法来学习化学中"物质的变化和性质"这一内容，那么就要铭记框架学习法的要点。建立好框架后，砍掉那些和框架无关的内容，只从框架的某点展开学习。别担心学到的知识不够多，只要吃透了这一点，那么就表明你用最简单的方法抓住了核心知识和关键内容。

◎理顺思维，构建模式

极简思维的本质是理顺学习的逻辑和模式，以一种最简单、直接的方式来优化学习方法。其实，只要你确定了用一种思维来学习，基本就构建了学习知识的模式，后期只需要多加练习，这种模式就能在大脑里形成记忆。一旦形成记忆，我们就能轻松学习。

比如：你习惯用SQ3R精读法（详见本书第137页）来阅读，那么在对这种学习方法形成机械记忆后，你每次阅读时，大脑都能条件反射出SQ3R精读法的步骤——浏览、提问、精读、复述、复习。

◎态度坚决，学习果断

当学习方式被简化后，设立的目标也成了唯一目标。比如：你用极简思维确立好本次考试要比上一次考试前进5名，那么在这一阶段，你可以不用在意每一科目的分数起落。因为每一场考试难度不断在变化，只把关注点放在"前进5名"上，我们就没有那么多杂念。这样一来，学习态度也更坚决。

极简思维在实际学习中该怎样运用？

虽说极简思维简化了思维方式，只从一点入手，但是如何确定这一点呢？接下来我将告诉你具体方法。

◎用极简思维做学习规划

用极简思维做学习规划只需考虑"要达成的目标"这一要点，每次只规划一件事，好让自己的大脑有清晰的方向。比如：你要复习地理，如果用其他方法做学习规划，不但要自我分析，还要做时间规划、列出学习内容和注意事项……但是用极简思维来规划，你只需要思考复习地理要达到什么目标。我举一个简单的例子：你想分清楚光照和热量的区别，接下来就可以直奔目标，首先复习什么是光照和热量，其次找出它们的不同。于是我们可以得到下面的信息：

光照：主要是指直接来自太阳辐射的能量。光照的多少主要取决于日照时数的多少，而影响日照时数的因素主要与昼夜长短、天气、海拔高度有关。通常昼长越长，晴天越多，海拔越高，日照时数越长，光照就越充足。

热量：是指某一地区在特定的气候条件下所能获得的热量，它是太阳辐射和地表、大气各种物理过程的综合结果。一个地区的热量主要取决于纬度位置和海拔高度。一般来说，纬度低，地面获得的太阳辐射能量多，热量高；纬度高，地面获得的太阳辐射能量少，热量低。热量状况最直观的描述就是温度。

然后比对两个概念，总结出区别：光照充足的地方，热量不一定丰富，例如青藏高原光照充足但热量不足。

你看，用极简思维做学习规划，是不是一下子就能找到核心要点？

◎用极简思维构思作文框架

除了做学习规划，极简思维还可以用在具体的学习中，比如构思作文框架。先来看构建作文框架的三个步骤：

第一步：审题并确定主旨立意，选定素材；

第二步：构思作文结构，确定每部分会用到的素材；

第三步：写出作文框架。

关于如何审作文题并确定主旨立意，我会在本书的第三章为你详细讲解。再来看作文结构，中学作文的文体多半以议论文为主，这里我提供"引—议—联—结—尾"这种极简思维，来帮助你构建框架。

"引"指的是针对主题，引出主论点，具体做法是在开头部分，通过引入材料，开门见山地提出自己的观点。"议"就是详细阐述自己的主要观点，并用几个分观点来说明主观点。然后把这些论据与自己搜集的素材联结起来，论证自己的观点，做到"联"。再把各分论点结合起来，升华主题，就是"结"。到了"尾"阶段，需要做的就是紧扣主题，呼应上下文。

用这一套极简思维来构建作文框架，会有很清晰的逻辑，就算面对各种各样的作文题目，也不会无从下笔。

用极简思维构思作文框架

步骤	具体做法
引	引出主论点
议	详细阐述主论点
联	通过素材联结论据
结	结合各分论点
尾	紧扣主题，呼应论据

◎用极简思维学习化学

化学知识分布比较细，知识点也很琐碎，极简思维在化学中只需做到"用图示的方法来学习"。意思就是用思维导图、概念图、流程图、表格等一系列图形结合的方法来学习化学。

比如要用极简思维比较"碳酸钠和碳酸氢钠的性质"，就可以用表格或者思维导图。

碳酸钠和碳酸氢钠的性质比较

性质	Na_2CO_3（碳酸钠）	$NaHCO_3$（碳酸氢钠）	性质比较
水溶性	易溶	易溶	相同温度下，Na_2CO_3的溶解度大于$NaHCO_3$
溶液的酸碱性（pH）	碱性	碱性	物质的量浓度相同时，Na_2CO_3溶液的pH比$NaHCO_3$溶液大
热稳定性	稳定	不稳定	$NaHCO_3$受热分解生成Na_2CO_3、CO_2和H_2O
与酸反应	剧烈	更剧烈	都放出CO_2气体，但$NaHCO_3$与酸反应的剧烈程度强于Na_2CO_3

用思维导图的方式比较碳酸钠和碳酸氢钠的性质：

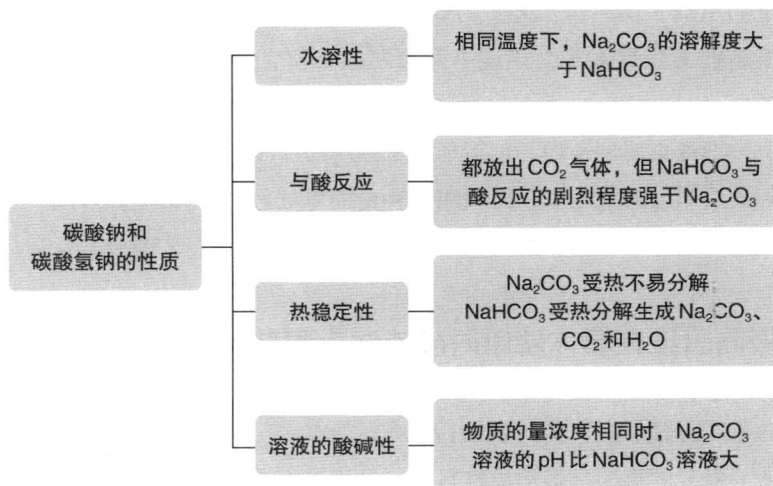

碳酸钠和碳酸氢钠的性质

- 水溶性：相同温度下，Na_2CO_3的溶解度大于$NaHCO_3$
- 与酸反应：都放出CO_2气体，但$NaHCO_3$与酸反应的剧烈程度强于Na_2CO_3
- 热稳定性：Na_2CO_3受热不易分解 $NaHCO_3$受热分解生成Na_2CO_3、CO_2和H_2O
- 溶液的酸碱性：物质的量浓度相同时，Na_2CO_3溶液的pH比$NaHCO_3$溶液大无论是用表格，还是用思维导图，都属于用极简思维来学习化学。表格和思维导图只是具体方法。这样做的好处是不需要再花时间和精力去思考其他学习方法，直接在大脑里设定用图表的思维来学习。

◎用极简思维打造学习环境

学习效率的提高，离不开一个好的学习环境。这里的环境并不是指学校、宿舍等自身无法改变的学习环境，而是指你做作业和日常上课时的书桌环境。

据我观察，很多学生的书桌非常乱，特别是初三、高三的学生，有些甚至把要复习的资料和课本全都堆在课桌上，这样让本来就不大的课桌更加拥挤。

用极简思维打造学习环境就是，整理自己的课桌，把那些和本节课无关的书都放到课桌下面去。如果书籍实在太多，我教你一个简单粗暴的方法：用小型的纸箱当作书架，把书一本一本竖着立在纸箱里面，然后把纸箱放在课桌底下。比起市面上各种书立，用纸箱把书立起来不会出现书籍凌乱的情况，还特别方便换位置时搬运。

把课桌清理干净，创造形式上的干净、整洁，把极简思维应用到改造学习环境中来，可以用一种最简单的方式让你保持专注。

极简思维在具体使用时应该注意哪些问题？

◎极简思维不等于一步到位

需要注意的是极简思维只是一种思维方式，并不代表在学习中只用一个步骤来达到目的。比如上文中讲到的用极简思维构思作文框架，就不止用一个步骤来构建框架。在实际运用中它可能由很多个步骤组成，只要围绕着一个核心思维，就叫极简思维。

◎极简思维不应该只停留在思维层面

虽说是极简思维，但它实质上是"用一种思维来保持专注"的方法，所以我们不应该只停留在思维层面，像是学习环境、学习力等方面都可以引入极简思维，尝试做一些改变。

2.2 微习惯：小步骤代替大目标

荀子在《劝学》里说："不积跬步，无以至千里；不积小流，无以成江海。"由此可见，凡事需要一点一滴地积累。在极简学习法里，养成一些微习惯，同样可以帮助我们实现大的目标。

什么是微习惯?

微习惯指的就是一些很小的习惯，它能毫不费力地帮我们构建属于自己的学习方法，最终达到自我管理的目标。

◎小到极致，轻松坚持

微习惯的重点是"小"，为方便你理解它小到什么程度，我举一些简单的例子。比如：把"每天写一张试卷"的习惯改成"每天做5道选择题"；把"每天记25个单词"的习惯改成"每天搜集一个生词"；把"每天看15页课外书"的习惯改成"每天看10分钟课外书"等。

正因为是一些毫不起眼的习惯，所以做起来根本不耗费太多精力。要知道，在还没养成习惯之前，我们靠的是意志力去开启一个行为。比如上面提到的养成"每天记25个单词"这样的习惯，其实，当你开始记单词前，就已经消耗掉了大量意志力。如果想继续记单词，则需要更多的意志力，这时，如果你所剩的意志力不够，那么就无法持续这一行为。每个人的意志力虽然是可再生资源，但意志力消耗的速度远快于再生速度，这也是很多习惯难以培养、坚持下去的原因。

而微习惯因为太小，做起来也毫不费力，不消耗我们太多能量，很轻易就能坚持下去。

◎叠加正面反馈，产生积极行为

微习惯是一些很容易做到的行为，每当达成目标时，我们的大脑便会产生奖励系统，并分泌一些快乐激素来激发我们的学习动力。当付出得到了回报，感受到达成目标的喜悦，我们便有更大的动力持续改变，不断进步。

由于微习惯持续不断，使这些正面反馈不断叠加，积极的行为也会不断叠加，从而让我们对学习越来越有激情。特别是在线上学习的情况下，微习惯会越来越有用。

◎简单且容易，毫无心理压力

微习惯由一些基本不可能失败的任务组成，它简单又容易，不用思考就能完成，没有任何负担。我们在面对它时没什么心理压力，甚至时间久了就成了一种条件反射。比起那些高目标和重任务，微习惯的执行过程不会带来什么消极情绪。

微习惯在实际学习中该怎样运用？

既然微习惯有那么多好处，那么我们该如何把它融入到学习中呢？接下来我为你具体讲解。

◎在数学学习中可以建立的微习惯

数学是一门很严谨的学科，差之毫厘，谬以千里，细节可以决定成败，因此养成良好的微习惯是学好数学的起点。我们可以从以下几个方面来培养：

①审题时勾画出关键字句

审对题是正确解题的关键，我们在开始读题时就可以培养一个毫不费时费力的微习惯，即勾画出数字、问题、特别条件等关键字句。一起来看一个习题：

> 某地有耕地25000公顷，政府对其规划，20年后的粮食单产比现在增加21%，并且人均粮食占有量要比现在提升10%，然而若是人口的年增长率为1%，那么耕地平均每年至多只能减少多少公顷？

这里我们就可以把"25000公顷""增加21%""提升10%""1%""至多""减少"等这些关键字眼勾画出来。

> 某地有耕地<u>25000公顷</u>，政府对其规划，20年后的粮食单产比现在<u>增加21%</u>，并且人均粮食占有量要比现在<u>提升10%</u>，然而若是人口的年增长率为<u>1%</u>，那么耕地平均每年<u>至多</u>只能<u>减少</u>多少公顷？

要检查自己这个微习惯是否养成也很简单，每次做完试卷或做完习题只需看一眼所有题目中是否有勾画的笔记，如果有就奖励自己一个小东西。久而久之，当我们看到题目后自然会条件反射地勾画出关键字句。

②分点写出解题步骤

数学中大多数题目都需要经过详细的运算才能得出正确答案，规范地书写答案是很加分的一点。因此把解题步骤分小点或者分段式写出来，不仅会让阅卷老师看出我们的解题思路，而且不会漏掉任何一个解题步骤。就算最后答案错误，也有步骤分，不会轻易丢掉应得的分数。

比如"数列的通项、求和问题"这类大题，我们的解题思路是：

①先求某一项，或者找到数列的递推公式。

②求通项公式。

③求数列求和公式。

那么我们的答题模板，就可以分成这五个步骤：

①找递推：根据已知条件确定数列相邻两项之间的关系，即找数列的递推公式。

②求通项：根据数列递推公式转化为等差或等比数列求通项公式，或利用累加法或累乘法求通项公式。

③定方法：根据数列表达式的结构特征确定求和方法（如公式法、裂项相消法、错位相减法、分组法等）。

④写步骤：规范写出求和步骤。

⑤再反思：反思回顾，查看关键点、易错点及解题规范。

每种题型都有不一样的答题模板，我这里只是以其中一种题型为例。但养成分点写出自己的答案的微习惯。无论是在考试中还是平时的习题中都可以使用这个微习惯。

③做题时标记出不确定答案的题号

这一个微习惯相当简单，主要针对考试时使用，就是在做题过程中，把那些自己不确定答案的题目圈出来。在检查时着重检查这些题目，不在已经确定的题目中浪费时间。

这个微习惯一旦养成，我们会对考试时间的分配有更清晰的认识和把控。

数学学习中可以建立的微习惯		
审题时勾画出关键字句	分点写出解题步骤	做题时标记出不确定答案的题号

◎在语文学习中可以建立的微习惯

语文和数学截然不同，它是注重积累的学科，可以培养多写多记录的微习惯。

①每天花两分钟记录今天发生的事

这一个微习惯也就是写日记，只不过很多学生一提到写日记就很抵触。

其实，日记的实质就是记录每天发生的事和自己的感想，我们在培养微习惯的时候可以直接给自己两分钟，省掉感想，只记录今天发生的事。坚持写日记不仅能提高我们的文学素养，还能培养文字功底，对我们写作文有很大的帮助。

把写日记简化成这样是为了贯彻微习惯简单又容易的原则。

②睡前阅读五分钟课外书

语文离不开阅读，在中学考试中有大量的课外材料要我们阅读，分数的高低很大程度上取决于阅读理解能力。如果能培养起课外阅读的微习惯，将使你受益终身。我们可以在睡觉前看五分钟课外书，也可以买自己喜欢的课外书带到学校，等到一天的学习结束之后，拿出书阅读五分钟。

③每天练习20个字

语文答题全是密密麻麻的文字，字迹是否工整，卷面是否整洁，也会影响评分。我们可以每天利用碎片时间，模仿自己喜欢的字体，只模仿20个字就足够。不用单独买字帖，每次练习时，直接在草稿纸上模仿自己喜欢的字体就好。兴许过段时间你会惊讶地发现，自己写的字已经非常漂亮了。用这种方法练字比临摹字帖有用得多。

◎微习惯在其他学科中建立的规则

从上面两个学科的例子中，你有没有发现，不同学科构建的微习惯不一样。那么其他学科的微习惯怎样建立呢？下面我为你讲解它们的建立规则。

规则一：建立非常容易达到的小目标

微习惯确立的第一个规则就是目标要小，并且让它简单到无法拒绝，上文中我举过一些例子，这里不再赘述。

规则二：降低门槛

确立好小目标之后，接下来就要开始做这件事。我们先来理解什么叫"学习门槛"，它是你执行某个习惯的阻力。

假如你每天早上规定自己背15个英语单词。那么，在背英语单词之前，你要从成堆的复习资料中找到英语课本和草稿本，这一动作就是背单词的"门槛"。如果半天都没从书堆中找到需要的那本英语书，很有可能导致你放弃背单词计划。降低门槛的具体做法就是把英语课本换成专门的英语单词小册子，随身携带在校服口袋里，把草稿本一直摊开放在桌面上，不要收起来。

规则三：每次激励自己超额完成任务

超额完成任务不难理解，比如在英语学科中，你想建立的微习惯是"每天搜集三个阅读理解中出现的生词"，搜集完三个之后，有意识地告诉自己"不如再搜集三个吧"，不知不觉，每天就搜集了六个生词。

这种超额完成任务的成就感更能激发学习动力。

规则四：达成目标学会奖励自己

虽然是微习惯，但也需要给自己小小的奖励，比如：每次背完单词奖励自己吃一点零食或水果。享受奖励带来的快乐，进而激励自己进一步行动。

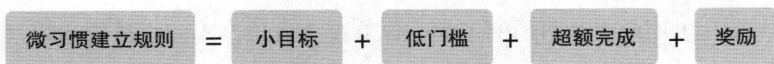

微习惯建立规则　＝　小目标　＋　低门槛　＋　超额完成　＋　奖励

微习惯在具体使用时应该注意哪些问题？

◎选择建立一个微习惯时，要明白背后的价值

所有微习惯的建立都是为了帮助我们极简高效地学习，当你选择建立一个微习惯时，试着问问自己为什么。比如：在做数学题时，为什么要勾画出题目中的关键信息。一步步分析得知，自己之前因为看错题目丢失了不少分数，所以现在培养这个微习惯，来保证不能因为这种原因丢分。明白微习惯背后的价值，是必须做的事。

◎微习惯的保持没有截止时间

据研究发现，一个习惯的养成需要21天，需要注意的是，微

习惯的保持没有截止时间。因为它小到可以忽略不计，实行起来又很轻易，你可以一直保持这种习惯，甚至可以把微习惯变成你的一种生活方式和学习态度。相信微小的力量在漫长的时间长河里也能产生惊人的力量。

◎微习惯不能一直不改变

微习惯需要及时调整，比如当你发现自己每天搜集三个英语生词很困难时，就必须立马减少生词积累的量。

微习惯也需要根据自己的具体情况及时调整目标，当你对目标感受到强烈的抵触和非常吃力时，就要学会调整。

2.3 极简行动力：分清主次，重点先行

我曾经采访过的一个清华学霸，她与我分享她的高分"秘籍"：老师布置的任务马上去做，学完新知识趁热打铁做练习题。我把她的高分"秘籍"总结为五个字——行动力超强。所以在极简学习法里，我们得学会极简行动力。

什么是极简行动力？

极简行动力指在明确目标后，用最极简的方法快速开始行动，直至取得成果。

PDCA循环法就是一种极简行动力的好方法。它是由美国质量管理专家沃特·阿曼德·休哈特提出的，由四个部分组成：Plan（计划）、Do（执行）、Check（检查）和Act（处理、纠错）。

P：Plan（计划）

计划是一种达成目标的方法，可以把目标分解成一个个小目标，包括学习目标的确定、学习规划的制订。

科学制订学习目标可以使用"SMART原则"，这个原则我会在第三章的第二个小节中具体讲解。至于做学习规划，可以用前文中提到的极简思维来制订。

D：Do（执行）

做好了计划后，下一步要做的就是执行计划。可以根据事情的重要和紧急程度确定优先级。也就是说，可以把事情按照四个维度来划分：重要且紧急、重要不紧急、不重要且不紧急、紧急但不重要。

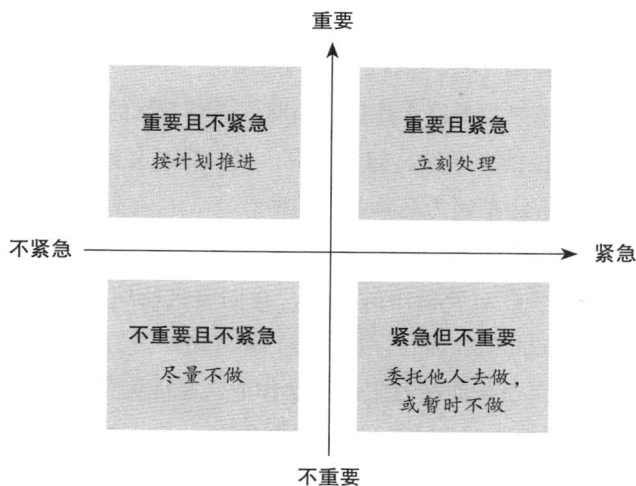

比如你现在有四件事要执行，这四件事分别是完成语文字帖临摹、做数学课后作业、背诵英语第三单元的课文、充饭卡，根据重要紧急程度，把这四件事划分在象限中，可以得到下图：

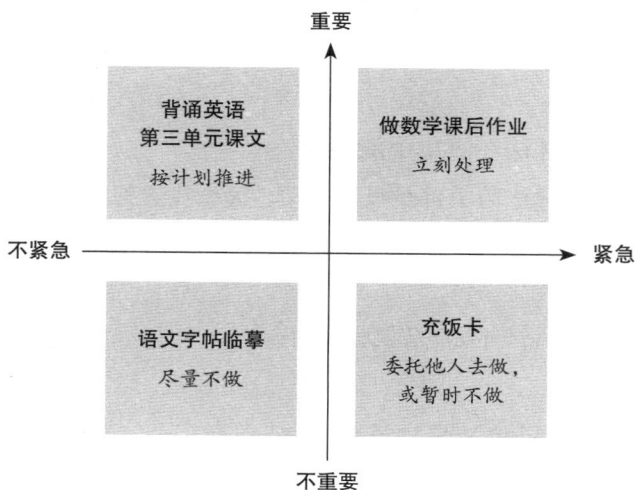

C：Check（检查）

根据PDCA循环法，执行完学习任务后，下一步要做的是检查，也就是看结果是否符合计划的预期，或者看你的计划和执行之间是不是能够很精准匹配。如果没有，具体分析差距到底在哪里，是因为能力不够还是因为拖延或者懒惰。

A：Act（纠错）

检查完后，针对分析出的原因，我们要进行纠错，来完善下一步的行动计划和操作流程，这也是PDCA循环法的最后一步。比如：你分析出自己未能按时上交数学作业，是因为没有时间观念，那么就要提醒自己对照执行计划里的四象限严格做事。

极简行动力的实际应用

了解了什么是PDCA循环法，那在实际学习中到底该怎么做才能让这一方法自动循环，帮助我们轻松达成学习目标呢？接下来我为你详细讲解。

◎ PDCA循环法在语文中的运用

PDCA循环法的主旨是极简行动，那么在遇到学一个新内容时，能用这种方法吗？我的答案是：可以。我拿新学《陋室铭》这一课时的内容为你举例。

根据PDCA循环法，先制订计划：

> 预习《陋室铭》并勾画出不认识的字句，结合教辅资料翻译全文；

　　背诵《陋室铭》，并且领悟作者想表达的中心思想；

　　完成《陋室铭》课后习题，以及老师布置的相关作业；

　　抄写原文在草稿上。

　　明确好了学习《陋室铭》这一课时的计划后，下一步要做的就是按照重要紧急程度把这些内容放在四个象限里，于是我们得到下面这张图：

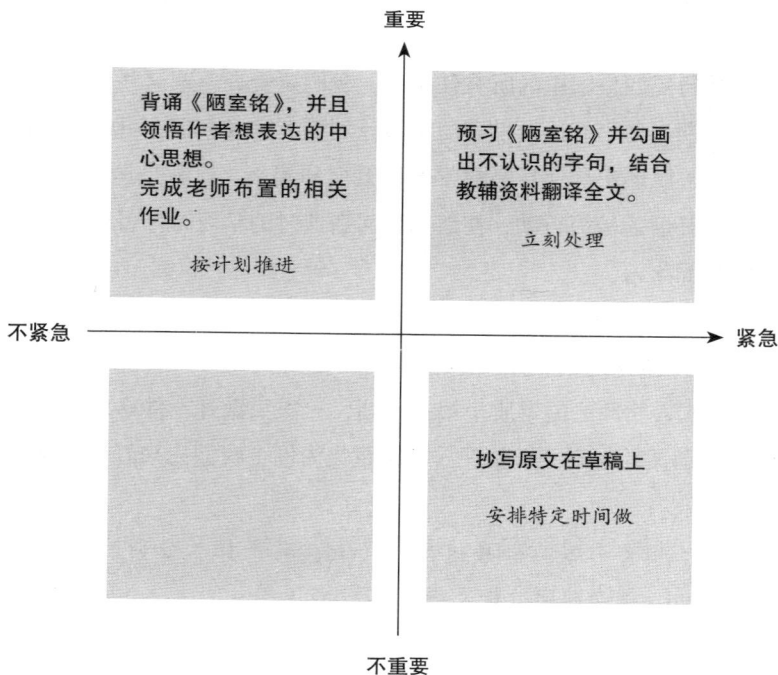

重要

背诵《陋室铭》，并且领悟作者想表达的中心思想。 完成老师布置的相关作业。 按计划推进	预习《陋室铭》并勾画出不认识的字句，结合教辅资料翻译全文。 立刻处理
	抄写原文在草稿上 安排特定时间做

不紧急 —————————————— 紧急

不重要

　　根据四象限图，我们首先要做的就是第一象限的内容，预习《陋室铭》，需要注意的是并不是整个早自习的时间都拿来预习，在早自习结束前的8~10分钟，读一读课文，边读边勾画出不认识的字，达到能毫无阻碍地通读课文的目标即可。然后，根据教辅资料大声朗读两遍译文，需要立刻处理的事就完成了。这是我们学《陋室铭》做的第一个极简行动。

接下来看第二象限的内容，我们要背诵并且完成相关作业。这一步需要特别注意的是，一定要在老师规定的时间内完成作业，严禁拖延！

"抄写原文在草稿上"被放在了第四象限，这一学习任务的主要目的是练字，平时我们的学业比较紧张，练字可以安排在寒暑假持续练习。

执行完四象限里的所有任务后，我们要检查一遍这些任务是否符合预期，如果有比较重要的学习计划没有完成，那么可以再次使用PDCA循环法，让自己的学习体系循环起来。这就是运用PDCA循环法开展的极简行动，在遇到任何新课时的学习时都可以用这个方法极简学习。

◎ PDCA循环法在数学中的运用

PDCA循环法的本质是根据计划，一次只做好一件事，让学习体系自动循环起来。以整理数学错题集为例，我们先来看一道题：

相交两圆的公共弦长为16cm，其半径长分别为10cm和17cm，则两圆圆心距为多少？

错解：两圆圆心距为21cm。

分析：两圆相交有两种位置情况，两圆的圆心在公共弦的同侧和异侧，此解忽略了在同侧的情况，正解答案为21cm或9cm。

先根据重要紧急程度四象限把整理这道错题要做的事罗列出来：

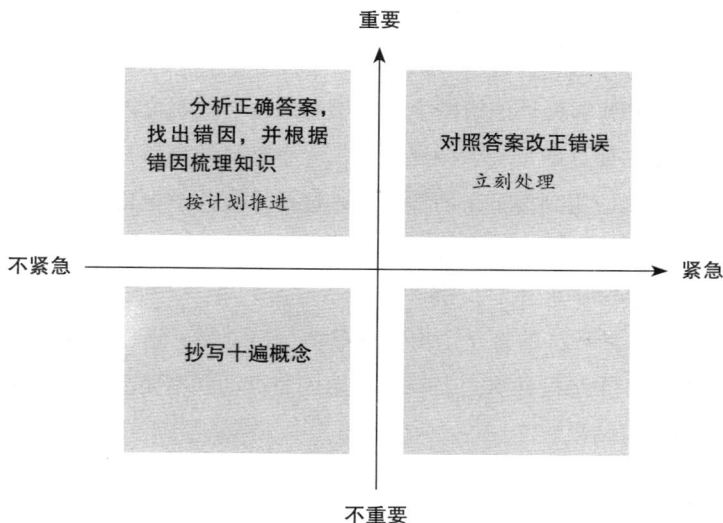

第一件要做的事是更正错误；更正完错误后第二件要做的事是分析原因，于是分析出"疏忽了两圆相交有两种位置情况"；第三件要做的事是回过头来再次复习这一知识点，这件事也是让学习系统循环起来的关键。

极简行动力在数学整理错题集中的应用强调一次只做一件事，一个循环结束后，如果遇到还没有解决的问题，就把这些问题以相同的模式带到下一个循环中。

极简行动力在实际使用时的注意事项

◎坚持每次先做好一件事，再做下一件事

虽然极简行动力强调一次只做一件事，但并不代表可以用马虎

的态度对待这件事。切记一定要一件事做完再进入下一个循环，做到"事事有回应，件件有落实"。

注意PDCA循环法的四个步骤不是运行一次就可以了，真正的极简行动需要这四个步骤循环进行。一个循环结束后，要积极把这种学习模式应用到接下来的学习中，这样才能让学习自动成体系。

◎遵循闭环的每一个步骤

PDCA循环法的每一个步骤都必须严格遵循，这样才能让闭环循环起来，拒绝假性努力。一旦开始极简行动就不要浮躁，做好过程自然会有结果。

2.4 极简逻辑学：化繁为简，快速掌握学科规律

一年四季流转、日出日落、斗转星移，这些是大自然的规律，同样，学习也有规律，我们要学会掌握学科的规律，把学习化繁为简，极简逻辑学就是很好的掌握学科规律的方法。

什么是极简逻辑学？

所谓逻辑，就是指思维的规律。学习是一种思维活动，因此也有一定的规律可循。学习的逻辑就是通过构建学科知识结构，帮助建立学习体系、掌握学科规律，而极简逻辑学就是用最简便的方法达到这一目的。

◎ 构建认知框架，精简所学知识

逻辑是一种思维规律，当我们掌握了一种学科的逻辑时，实际上就掌握了这一学科的知识结构。比如要解答地理学中"某地区出现的地理现象"这一问题，我们要构建的逻辑就是：先在地图上找到这一地区的位置；然后弄清楚在什么样的条件下这样的地理现象才出现；除了这个地区，出现的这一现象还会出现在哪些地方。

当我们根据这个逻辑解答问题时，实际上就是在构建我们对这一类问题的认知框架，从而精简这部分知识。

◎知识不再散乱，记忆不再呆板

上面提到，极简逻辑学可以构建认知框架，并全面理解和梳理知识，最终让知识联结成一个整体，不再散乱。比如：高中物理学的"力学"可以细化为"热力学""电动力学"等；电磁作用可分为"电磁感应"和"霍尔效应"等；相互作用力可分为万有引力作用、电磁相互作用、强相互作用、弱相互作用。

当我们根据自己建立的逻辑去理解概念时，我们对这些基本概念就有了自己的思考和理解。如果要背诵，也不再靠死记硬背的方法强行背诵，根据自己的理解就能轻易说出要背诵的知识，理解记忆直接就代替了死记硬背。

◎拓展知识深度，有利深度学习

用极简逻辑学学习也代表有深度学习的能力，此种方法能让我们把知识和生活紧密联系起来。比如在学习数学"二项式定理"时，我们学会计算 $(a+b)^n$ 后尝试练习相关的应用题，例如：在 5 个筐里面各有苹果 a 个、梨 b 个，每次从 5 个筐中各取一个水果，一共有多少种取法？因为前面深度学习了计算 $(a+b)^n$，这次就能直接列出 $(a+b)^5$ 这一计算公式。这就是极简逻辑学带给我们学习的好处。

但如果没用极简逻辑学进行深度学习的学生，遇到这一习题很可能会先分几种情况，分别列举几种取法的结果，最后得出结论。在列出加法式子后，才能从中推导出 $(a+b)^5$ 的形式。

极简逻辑学在实际学习中该怎样运用？

既然可以用极简逻辑学来掌握学科规律，那么它在实际学科中到底是怎样运用的呢？下面我以生物、物理、数学为例为你讲解。

◎复习生物的极简逻辑

学生物是为了让我们了解在地球上生存的生物的奥秘，从而激发我们对生命本质的探索欲。在生物复习阶段有很多细碎的知识点需要我们总结归纳，运用"是什么、含什么、为什么"这样的极简逻辑，可以很好地归纳知识，突破复习难点。

先来看第一个极简逻辑"生物是什么"，要归纳这个问题，首先要明白这类问题一般是定义类的问题，比如生物的特征、生物的整体组成部分、生物结构等。

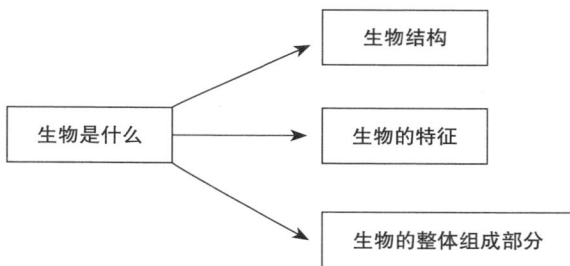

接下来看第二个极简逻辑"生物含什么"，这里一般指个体层面的分类，比如植物类群、动物类群、微生物类群。在这个极简逻辑下，又可以把这三种分类细分成小类，比如：植物类群可以分为种子植物和孢子植物，孢子植物可以分为藻类植物、苔藓植物、蕨类植物，种子植物可以分为裸子植物和被子植物；动物类群可以分为无脊椎动物和脊椎动物，无脊椎动物可以细分为腔肠动物、扁形动物、线形动物、环节动物、软体动物、节肢动物，脊椎动物可以分为鱼类、两栖类、爬行类、鸟类、哺乳类；微生物可以细分为细菌、真菌、病毒。

```
                                                    ┌─ 藻类植物
                                        ┌─ 孢子植物 ─┼─ 苔藓植物
                              ┌─ 植物类群 ┤           └─ 蕨类植物
                              │          │           ┌─ 裸子植物
                              │          └─ 种子植物 ─┤
                              │                      └─ 被子植物
                              │                      ┌─ 节肢动物
                              │                      ├─ 环节动物
                              │          ┌─ 无脊椎动物─┼─ 线虫动物
                              │          │           ├─ 刺胞动物
                              │          │           └─ 扁形动物
       生物含什么 ─────────────┼─ 动物类群 ┤           ┌─ 鱼类
                              │          │           ├─ 鸟类
                              │          └─ 脊椎动物 ─┼─ 两栖类
                              │                      ├─ 哺乳类
                              │                      └─ 爬行类
                              │                      ┌─ 细菌
                              └─ 微生物类群 ──────────┼─ 真菌
                                                    └─ 病毒
```

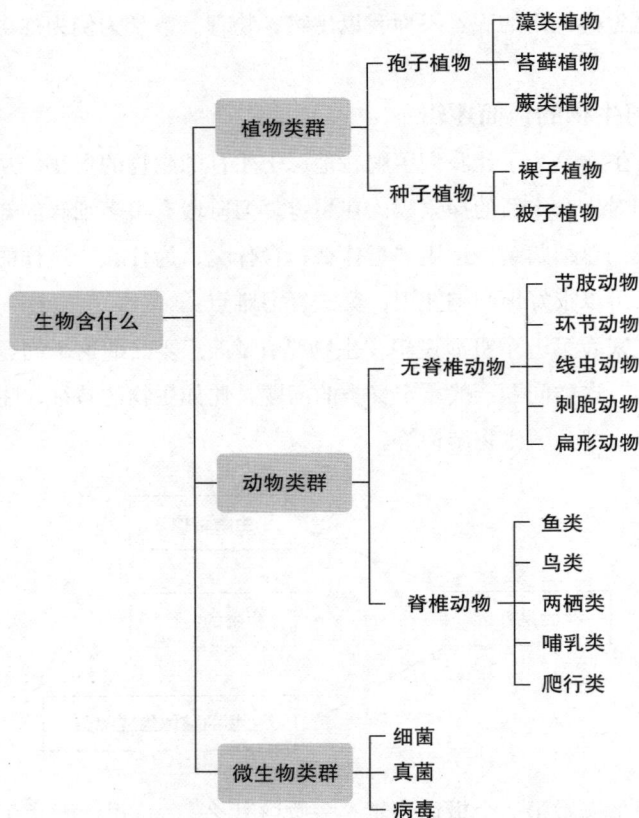

　　在复习中分清楚"生物含什么"后，第三个极简逻辑就是"生物为什么"，这里可以从结构层面和基因层面来总结生物内在的运行规律，以此重新整合初中生物学知识体系。拿动物来举例，我们可以从动物的各种系统来分析，例如消化系统、呼吸系统、循环系统、泌尿系统、神经系统、运动系统、生殖系统、内分泌系统这八个方面。

　　用"是什么、含什么、为什么"这种极简逻辑去复习，能有效地让逻辑思维贯穿复习的始终。

```
                                        ┌─────────────┐
                                    ──→ │  生物是什么  │
                                        └─────────────┘
┌──────────────────────────┐
│ 极简逻辑学在生物复习中的应用 │ ─────→ ┌─────────────┐
└──────────────────────────┘          │  生物含什么  │
                                        └─────────────┘
                                    ──→ ┌─────────────┐
                                        │  生物为什么  │
                                        └─────────────┘
```

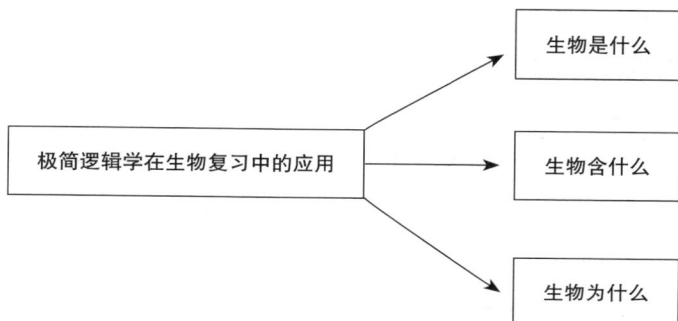

◎学习物理概念的极简逻辑学

学物理概念不仅要依靠书中的结论，还要结合实际生活，可以运用"自主构建、结合情境、反思完善"这样的极简逻辑。

先来看"自主构建"，它指物理概念的建构要根据实验或自身体验。因为物理概念都是以客观世界为基础，如果再加上主观意识，这样悟出来的概念肯定印象更深刻。

比如：油炸食物时，溅入的水滴会产生"叭叭"的响声，同时有油溅出来。这是因为水的沸点比油低，水的密度比油大，溅到油中的水滴沉到油的底部，迅速升温沸腾，产生的气泡上升到油面破裂而发出响声。通过观察这一生活现象，我们会对"水和油的密度""沸点"这两个物理知识有很深的印象。

再来看"结合情境"这一逻辑，指的是通过创设具体的场景来定义概念。比如初中物理对"速度"的定义是"描述物体运动快慢的物理量"，是关于路程和时间的。这时，我们就可以通过创设"龟兔赛跑"的情境来理解速度的概念，比赛开始后，兔子一路领先，是因为相同时间内兔子跑的路程长；由于兔子中途睡了一觉，乌龟先达到终点，是因为通过相同的路程乌龟所用的时间短。我们要结合具体情境，去理解物理概念。

最后一个极简逻辑是"反思完善"，指在学习概念时要学会不断反思并修正对概念的理解，从而逐步完善、丰富知识结构。比如上面提到的关于"速度"的概念，当你初次在高中物理学到"速度"这一概念时，很容易被初中关于"速度"的认知所局限，因为初中物理的"速度"不涉及方向；但高中物理的"速度"不仅有大小，还有方向，而且还要区分"速度"和"速率"两种表达方式。这时就要积极思考，修正并完善自己的理解。

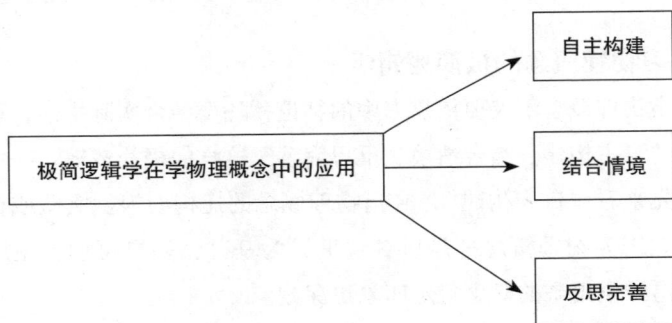

```
                                          ┌─────────────┐
                                    ┌────→ │  自主构建   │
                                    │      └─────────────┘
┌──────────────────────────────┐   │      ┌─────────────┐
│ 极简逻辑学在学物理概念中的应用 │ ──┼────→ │  结合情境   │
└──────────────────────────────┘   │      └─────────────┘
                                    │      ┌─────────────┐
                                    └────→ │  反思完善   │
                                          └─────────────┘
```

◎极简逻辑学在学数学中的运用

极简逻辑学在数学中的运用和在生物中的运用类似，它由"了解为什么学""明白学什么"以及"知道怎么学"构成。

先来看"了解为什么学"这一逻辑，指的是在学一个数学知识前，你要明白为什么学它。比如初中学"平面直角坐标系"这一版块的内容，实际上是为了更好地衔接后面要学的函数知识，因为函数主要通过图像和表达式之间的共同作用，更好地解题。同时也能培养我们的空间想象能力和抽象思维能力。

再来看"明白学什么"这一极简逻辑，比如"几何"这一版块，我们就要知道这部分大概要学习的内容：识别各种平面图形和立体图形；图形的平移、旋转和轴对称；证明三角形的全等和相似；把握好平行四边形、长方形、正方形、菱形和梯形的概念；圆的概念及应用等。这个逻辑就是要求我们对自己所学的东西有清晰的了解。

最后一个逻辑是"知道怎么学"，这是关于某部分知识学习方法的思路。还是拿"几何"来举例，想要学这部分知识，首先要掌握好基础知识。比如：思考问题要严谨，在回答圆的对称轴时不能说是它的直径，而必须说是直径所在的直线；要掌握常用辅助线作法，把大问题细化成各个小问题；考虑问题要全面，当说到等腰三角形的角时，要考虑是顶角还是底角，说到等腰三角形的边时，要考虑是底还是腰；说到过一点作直线和圆相交时，要考虑点和圆有三种位置关系，画出三种图形。

把这三种极简逻辑结合在一起学数学，相信你也能构建自己独有的轻松学数学的方法。

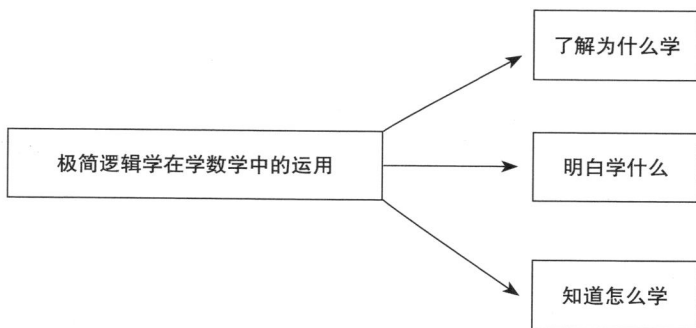

极简逻辑学在具体使用时应该注意哪些问题？

◎极简逻辑学不等于极简思维

在第二章第一小节中我讲过极简思维，要注意区分这两者的关系。极简思维是抓关键，只思考关键点，这个关键点会因为学的知识不同而改变。而极简逻辑学是一种很全面的思考方式，比较固定。

◎极简逻辑学可以和极简思维结合在一起

虽说极简逻辑学和极简思维不一样，但我们在实际使用时不能完全脱离这两种极简学习法，要善于把这两种极简学习法结合，灵活运用在学习中，要比单独使用某一种学习法高效得多！

2.5 绿灯思维：开放心态，独立思考

有人曾说："你的强势之下缺少一种开放的心态。"虽然这句话多指社会上的为人处世，但同样适用于学习。想要学新知识，就得以开放的心态，保持独立思考，运用绿灯思维。

什么是绿灯思维？

绿灯思维是指，当遇到和自己不一样的观点时，以开放的心态和包容的态度去接纳新观点，从而让自己保持独立思考的能力。它的实质是一种成长型思维。

◎辩证思维，培养独立思考能力

还有一个与绿灯思维相对应的红灯思维，意思就是拒绝所有外界反对的信息，只认为自己是对的。而绿灯思维恰恰相反，它从辩证的角度来帮助我们分析新事物。

比如：当你和同学在讨论一个有关学习方法的问题时，你的观点是"卡片学习法可以很好地帮助我们记英语单词"，但M同学却不赞成用卡片学习法来记单词。这时用绿灯思维来思考，不要反驳M同学的观点，要去思考对方这样说的原因，无论你思考的结果是否与对方的观点一致，在这一过程中都培养了自己独立思考的能力。因为你的思维已经从证明自己的观点，转换成了认真思考别人的观点是否对自己有用。

◎ 保持倾听，随时反省

在上面列举的"和同学讨论用卡片学习法来记忆英语单词是否有用"这一例子中，当你用了绿灯思维，接下来你要做的就是保持倾听，听听同学为什么会这么说。然后同学告诉你她经常弄丢这些卡片，她更喜欢用归类记忆法来记英语单词，这时你可以立马反省自己是否也会弄丢卡片，是否适合用归类记忆法来记忆单词。绿灯思维能让我们随时保持反省，改变错误的认知，促进吸收更多知识。

◎ 开放的心态，有利于深度思考

由于绿灯思维对不同的观点具有包容性，当遇到和自己不一样的观点时，我们就会努力思考这些观点是否适用于自己。在这一过程中，由于你层层思考，会不断逼近问题的本质，最后获得有用信息。这也是培养深度思考能力的好办法，这种能力无论是在校内，还是毕业后在社会，都能让我们受益。

绿灯思维在实际学习中该怎样运用？

绿灯思维能给我们带来很多好处，那么在实际学习中我们要如何培养自己的绿灯思维呢？

◎ 在实际学习中用"换一种说法"的方式培养绿灯思维

思维模式并不是非此即彼，实际上，绝大部分人身上兼具绿灯思维和红灯思维两种思维模式，只是一种思维占比多一些，另一种思维占比少一些。思维模式是在后天的生活环境、他人的影响以及个人的认知中逐渐发展起来的。想要改变某种思维模式，首先要做的就是改变看待问题的方法，最简单的方法就是用另一种说法来解释问题。

比如：当你犯了一个错误时，可以把"我又犯错了"的说法改成"犯错使我成长"；如果遇到很难的习题，可以把"这题太难了"换成"解这道题目我需要一点时间"；如果察觉到自己学不好某学科，可以把"我学不好这门学科"的说法换成"我要努力学习这门学科"；觉得自己没有学霸聪明时，可以把"我没学霸这么聪明"换成"学霸是怎么做到的"；如果某次考试取得很好的成绩，可以把"取得这个成绩已经很好了"换成"这是我最好的成绩吗"；等等。

在实际学习中如何从"换个说法"中培养绿灯思维

我又犯错了 ——————————→ 犯错使我成长
我没学霸这么聪明 ——————→ 学霸是怎么做到的
取得这个成绩已经很好了 ————→ 这是我最好的成绩吗
我学不好这门学科 ——————→ 我要努力学习这门学科
这题太难了 ——————————→ 解这道题目我需要一点时间

◎绿灯思维在数学中的运用

要想把绿灯思维运用在数学学习中，"提问"是最简单的方式。"问题"是数学的核心，也是知识结构的表现。比如在学习数学中"一元一次方程的应用"的内容时，我们拿到一个这样的题目：

我们知道每隔4年举办一次奥运会和亚运会，2008年我国第一次举办了奥运会，在2010年我国又举办了第16届亚运会，2010年亚运会上我国获得奖牌416枚，其中银牌119枚，金牌数是铜牌数的2倍还多3枚，求金牌几枚，铜牌几枚？

拿到这个题目，我们可以对自己提出这些问题：根据所学知识，能直接列出算式求2010年亚运会我国获得的金牌数和铜牌数吗？如果用列方程的方法来求解，设哪个未知数为x？仔细审题，题目中的相等关系是什么？根据相等关系能列出怎样的方程？方程的解是多少？

提出问题后，下一步要做的就是根据提出的这些问题，一步步解题。当你解出题目之后，可以找同学讨论答案，如果在讨论过程中遇到观点不一致的地方，耐心倾听别人的想法。如果在解决问题途中遇到了困难，可以勇于向他人寻求帮助。乐于接受他人的意见，虚心向他人学习，这是成长型思维的重要组成部分，成长型思维也在这个过程中一步步被培养起来。

◎绿灯思维在化学中的运用

把绿灯思维运用在化学中最简便的方法是从已有的化学知识入手，把这些知识一步步转化成新知识，解决难题。我以"氢氧燃料电池在碱性电解质溶液中的电极反应式"为例，教你如何在这一过程中运用绿灯思维。

第一步，写出两极反应物与生成物，得出：H_2—H_2O；O_2—H_2O。这一步没有难度，很轻松就可以写出。

第二步，根据化合价变化分析得失电子情况并判断正负两极，要注意的是两极得失电子数目一样，得出：$(-)2H_2-4e^-$—$2H_2O$；$(+)O_2+4e^-$—$2H_2O$。这一步虽然有一点难度，但只需稍加思考就能得出，接下来看第三步。

第三步，运用电荷守恒配平电极反应式，得出$(-)2H_2-4e^-+4OH^-$—$2H_2O$；$(+)O_2+4e^-$—$2H_2O+4OH^-$。这一步虽然比较难，但

因为有了前面两步的铺垫，所以你会惊讶地发现，你做到这一步竟然没有卡壳。

第四步，运用原子守恒配平电极反应式，得出：$(-)2H_2-4e^-+4OH^-—2H_2O+2H_2O$；$(+)O_2+4e^-+4H_2O—2H_2O+4OH^-$，这一步要在理解原子守恒定律的基础上得出，虽然很难，但只要你理解透彻了原子守恒定律，但也还是会。

第五步需要做的就是整理上面的内容，于是得出：$(-)2H_2-4e^-+4OH^-═4H_2O$；$(+)O_2+4e^-+2H_2O═4OH^-$，这一步虽然只是一个整理工作，但会让你获得足够多的自信。

分析完碱性氢氧燃料电池，可以用同样的思维来分析酸性氢氧燃料电池。遇到类似的题目，按照同样的思维解决就好，不会有恐惧心理，这就是绿灯思维在化学中的运用。

运用绿灯思维分析某电池（前提：参照碱性和酸性氢氧燃料电池）

第一步：写出两极反应物与生成物；
第二步：根据化合价变化分析得失电子情况并判断正负两极；
第三步：运用电荷守恒配平电极反应式；
第四步：运用原子守恒配平电极反应式。

绿灯思维在具体使用时应该注意哪些问题？

◎多给自己一点时间

培养绿灯思维是一个长期工作，不是一两周就能做到的事。当你在培养绿灯思维的过程中发现自己还有红灯思维时，请别着急。

给自己多一点时间，慢慢把绿灯思维培养成终身思考的方式，不仅仅局限于学生时代使用。

◎绿灯思维不是全盘接受

绿灯思维固然能培养我们深度独立思考的能力，但也不代表所有事情都要用绿灯思维。虽然绿灯思维是以包容的心态来对待不同于我们的观点，但这并不意味着别人的观点一定是对的，在吸收别人观点的同时，也要尊重自己的想法，接纳新观点不等于全部接受新观点。

2.6 极简身份：欺骗大脑，持续赋能

"相信假装的力量"是我在一次书籍分享会中听到的，它的意思是：假装一切。比如：假装自己已经过上想要的生活；假装能做到一切想做的事；假装遇到任何问题都能解决。换句话说，也就是"相信可以带来力量"。在学习中，我们可以通过"假装"简化身份，让相信带来力量。

什么是极简身份？

极简身份是指，在达成学习目标的过程中，假装自己是已经达成目标的人，精简身份，把自己代入角色中，产生足够的动力去做那些很难的事。

◎利用"假装"的力量，快速进入学习状态

我们的大脑其实非常懒惰，它只喜欢做自己熟悉的事，在遇到没做过的事时，大脑发出的信号是"我不想做这件事"。因此当你在开始做这件事之前，就已经产生了很多负能量。这时，如果我们假装目标已达成，那么给大脑发的信号就是"我能做到"或者"我已经做到了"，用这种方法让大脑配合你一点点完成自己想做的事。

比如：当你因为单词太难而不想背单词时，你就可以欺骗大脑："这个单词比起简单词汇就是多了几个字母而已，不难，你能背诵的"。通过这样的"欺骗"，你会更有信心，也不会拖延，可

以马上开始行动，快速进入学习状态。

◎大脑只接收一种信号，更有助于保持专注

在极简身份学习法中，由于我们只给大脑发出一种"我能做到"的信号，那么大脑就不会被其他信号影响。比如：同样是写一篇从来没见过的作文题目，如果你不把自己代入到极简身份中，那么看到题目可能就会害怕。但是，如果假装自己能写好，我们就不再担忧、恐惧，我们只会相信自己能写出很好的作文。

当我们的大脑里只有这一种信念时，我们的注意力便集中在"如何写出更好的作文"上，在这个过程中我们会更专注。

◎控制多巴胺分泌，轻松获得充足动力

当假装目标已达成后，我们的大脑会分泌一种叫多巴胺的化学物质，它不仅会让我们快乐，还会产生去做事的欲望和动力。但是大脑会根据多巴胺的预计释放量给每件事排序，也就是说如果多巴胺分泌得不够多，我们就没有足够多的动力去学习。

所以在每次学习之前，把自己代入极简身份，告诉自己目标已达成，就能释放足够多的多巴胺，让你有动力一遍又一遍地完成学习指令，促成良好循环。

极简身份在实际学习中该怎样运用？

极简身份是一种比较抽象的极简学习法，那如何把它带到具体的学科中呢？接下来我为你详细举例。

◎极简身份运用在体育中

我们经常有800米、1000米等体育测试，如果我们用"极简身份，欺骗大脑"的方法，会取得更好的成绩。这是因为我们让大脑低估当前的运动强度，更好地开发出竞技潜力来帮助我们取得好成绩。

比如：你要800米体测，首先你可以告诉自己"我已经取得了很好的成绩"，其次在大脑中想象一个竞争对手始终跑在你前面，你要不断超越这个竞争对手，用这样的方式欺骗大脑，能把我们的潜力发挥出来。

我们从事体育运动时，为了防止身体的损伤，大脑会有相应的机制，这个机制不会让身体把潜力都释放出来。但如果像前面提到的那样"欺骗"大脑，虽然身体在以较大速度消耗能量，但大脑仍认为是可以接受的，最终让你取得不错的成绩。

◎极简身份运用在历史学习中

除了帮我们完成体育测试，极简身份学习法也能应用到历史学习中。具体做法是在学习历史时，单刀直入，找主干知识，学主旨内容，把自己代入已经能清晰掌握所有历史事件的角色中。

比如在学习高中历史中"古代中国的政治制度"这一内容时，首先我们要找到主干知识，也就是明确本内容的重点是"政治制度"，其次再从这个角度学习主旨内容，按时间先后顺序厘清历史的发展线路，掌握历史发展的基本脉络。像"从汉至元政治制度的演变"这一专题的主旨内容包括"中央集权的发展""君主专制的演进""选官、用官制度的变化"三个部分。从时间来看涉及"汉朝至元朝"这一历史发展时期，按照时间发展的先后顺序对历史主干知识进行分类梳理："中央集权的发展"部分主要是汉朝的"推恩令"和元朝的行省制；"君主专制的演进"部分主要是汉朝的中外朝制度和隋唐的三省六部制；"选官、用官制度的变化"部分主要是汉代的察举制、魏晋南北朝的九品中正制和隋唐的科举制。在梳理过程中，你可以把自己代入极简角色，这样会更有信心理清楚各个阶段的历史事件。

◎用极简身份完成更难的学习任务

上文中我提到足量的多巴胺会让你有动力做某件事，但是在我们实际学习中，比起学习我们更愿意玩游戏、看手机，并且会忍不住一直玩，甚至把学习抛在脑后。这时运用"极简身份"学习法会非常有用。

比如你某个周末的作业是完成一张英语试卷、做数学课时周报、写语文周记，但当你发现你喜欢的电视剧更新了，游戏出了新的玩法和皮肤，这时候你很可能会告诉自己：我先玩一会再开始写作业吧。

运用极简身份，立即停止这种想法，因为这种行为一旦开始就很难停下来。比起写周末作业，看电视剧、打游戏的行为会释放大量多巴胺，假如你的大脑适应了这种高强度的多巴胺，当写周末作业释放的多巴胺达不到这个量时，你的大脑便对写周末作业这件事不再感兴趣，因为这件事无聊无趣，你便没有动力去写作业。

但当你停止这一行为，把看电视、打游戏作为完成周末作业后的奖励，这时你分泌的多巴胺量还是原来那么多，你的大脑就不会觉得写周末作业这件事很难，它只会想"我完成这件事后会有奖励"，那大脑就有足够多的动力去先写周末作业。

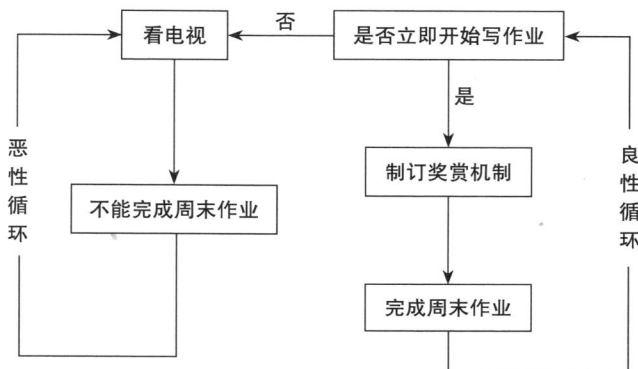

极简身份在具体使用时应该注意哪些问题?

◎极简身份只是假设目标已达成

极简身份只是假设目标已达成，提前把自己代入已达成目标的角色，并不是已经真正达成了目标。在达成目标的过程中，还需要结合本书其他极简学习法，轻松实现学习目标。

◎务必设置奖励

用极简身份学习法学习，一定要在达成一个目标后给自己奖励，如果不奖励，下一次展开学习行动时，大脑可能没有足够多的动力，不利于开展持续性的学习计划。奖励的设置也不用那么复杂，小小的奖励即可。

第三章

告别低效，掌控学习节奏

当你选对了学习方向，开展了持续性学习后，接下来最关键的一步就是深入理解学习内容。我把深入理解分为两个部分，一个是高效学习，二是刻意练习。

本章将为你重点讲讲如何高效学习。

其实，高效学习的方法有很多，包括总结知识、利用碎片时间记忆、利用图表学习、举一反三、良好的时间管理等。每种高效学习的方法还有很多不同的技巧，运用每种技巧时也有一些注意事项。本章我将手把手教你把这些技巧落实到具体学习上，还会用具体学科举例，让你每次学习都是高效学习。

3.1 一页纸学习法：20个字概括知识重点

很多学霸喜欢用一页纸来学习，一位考上北大的校友曾经与我分享过她的学习习惯，那就是喜欢把所有知识总结到一张纸上。这种学习习惯在极简学习法里也叫"一页纸学习法"。

什么是一页纸学习法？

一页纸学习法是由日本作家浅田卓提出的一种实用学习法，他提倡用一页纸整理知识，极简总结，主要由三种方法组成，分别是20个字输入学习法、3Q输出学习法和一页纸贡献学习法。

◎初级方法：20个字输入学习法

20个字输入学习法是一页纸学习法中的初级方法，要求我们根据所学知识，提炼关键词，并用20个字简明扼要地概括出来。它有固定的框架，并不复杂，主要由时间、主题、目的、20个字总结这四个因素组成。把它画出来，得到下面这张表格：

时间： 主题：		P（目的）：	
1P：			

表格里的主题可以是一本书、一个章节的内容，也可以是一种出现得最多的题型或其他任何你要总结的东西；字母P代表purpose（目的），表示针对主题想要了解的内容或要解决的问题；1P的意思是用20个字组成一句话，用来精练地表达目的。

实际运用中，只需要准备一支红笔、一支绿笔、一支蓝笔就可以开始使用这个学习方法。具体做法是：用绿笔写时间和主题，红笔填充目的，蓝笔填写关键词，再用红笔对填写的关键词进行分组，最后用20个字总结概括。

虽然是初级方法，但也有三点值得我们注意：第一点是不能超出一页纸的篇幅；第二点是不能超出框架的限制；第三点是不能偏离主题，围绕主题按照框架将内容控制在一页纸之内。

◎中级方法：3Q输出学习法

有了输入之后，接下来要做的是输出，因为只有向别人解释清楚自己学了什么，进行内容输出，才算真正理解了学习内容。3Q输出学习法指出，如果能够回答出"What""Why""How"这三个question（疑问），便能很快明白一个知识点。

具体做法为，分别写出"What"——学到了什么；"Why"——为什么要学；"How"——学了之后怎么做。然后填写问题的答案。值得注意的是，每一个问题的答案都应该控制在20个字以内。为了方便理解，我做出如下表格：

时间： 主题：		1P		
Q1：What 学到了什么？	回答1	回答2	回答3	
Q2：Why 为什么要学？	回答1	回答2	回答3	
Q3：How 学了之后怎么做？	回答1	回答2	回答3	

中级方法强调实操，看重内容是否有利于设定的目标、是否能够转化为实际行动。

◎高级方法：一页纸贡献学习法

高级方法要归属于解决实际问题，提倡为他人作贡献，实现以帮致学。

它在初级和中级方法的基础上，增加了Who、P/W、PQ这三项内容。Who指的是为了谁；P/W是英语problem和wish的缩写，指有什么问题或愿望；PQ是P（purpose，目的）和Q（question，提问）的组合，是指为了达成目的而提出的问题。

把上面提到的点罗列在一张纸上，就是一页纸贡献学习法的框架，也是一页纸学习法的主要内容，于是得到下面这张表：

时间： 主题：	Who：针对谁			区域A
P：相关语句、关键词	P/W：她的问题或愿望是什么			
	PQ：为达到目的而提出的问题			
	1P：一句话，20字左右的观点总结			区域B
	3Q	What	Why	How
	P1			区域C
	P2			
	P3			

区域A代表的是框架和主题，区域B代表分析、思考后的总结内容，区域C代表关键词。

如何按照框架套用一页纸学习法？

说得简单一点，一页纸学习法就是一个框架，好比数学里的公式，在实际运用中可以直接套用，按照框架填写内容。

初级方法：20个字输入学习法

时间：一天／一周／一个课时

主题：这一页纸的主要内容是什么

目的：要解决的问题

1P：20个字概括

中级方法：3Q输出学习法

时间：一天／一周／一个课时

主题：这一页纸的主要内容是什么

目的：要解决的问题

1P：20个字概括

"Q1：What？"问题一：是什么？

回答1：

回答2：

回答3：

"Q2：Why？"问题二：为什么？

回答1：

回答2：

回答3：

"Q3：How？"问题三：怎么做？

回答1：

回答2：

回答3：

高级方法：一页纸贡献学习法

时间：一天／一周／一个课时

主题：这一页纸的主要内容是什么

目的：要解决的问题

Who：为了谁

P/W：问题或愿望

PQ：为达到目的所提出的问题

1P：20个字概括

"Q1：What？"问题一：是什么？

回答1：

回答2：

回答3：

"Q2：Why？"问题二：为什么？

回答1：

回答2：

回答3：

"Q3：How？"问题三：怎么做？

回答1：

回答2：

回答3：

What=概括、结果、问题、现状

Why=背景、目的、原因等

How=详细方案、应对措施

Who=对象

一页纸学习法在具体学科中的运用

接下来我用高中政治中"中华文化与民族精神"这一内容来举例，帮助你掌握这种学习方法，实现各个学科之间的灵活运用，轻松记忆。

我们先套用框架，填写对应的内容。

时间：半天

主题：中华文化与民族精神

目的：记住"中华文化与民族精神"相关考点

Who：总是记不住"中华文化与民族精神"考点的学生

P/W：解决记不住有关"中华文化与民族精神"考点的问题

PQ：怎样记忆"中华文化与民族精神"的知识点？

1P：中华文化历史悠久；民族精神是纽带和支柱

"Q1：What？"问题一：是什么？

有关"中华文化与民族精神"的学习内容需要背诵什么？

回答1：不需要全部背诵，只需要记住考点相关内容即可

中华文化的考点内容：中华文化的特征、中华文化包容性的含义与意义、中华文化凝聚力的意义

民族精神的考点内容：民族精神的核心、基本内涵、为什么要弘扬民族精神

回答2：有关"中华文化与民族精神"的知识太多，按照考点针对性筛选对我们有用的信息

回答3：只背诵重点内容

中华文化的特征：源远流长，博大精深

中华文化包容性的含义：求同存异，兼收并蓄

中华文化包容性的意义：有利于与其他民族文化在和睦的关系中交流，增强对自身文化的认同和对其他民族文化的理解

中华文化的凝聚力是什么：中华文化的力量深深地熔铸在民族的生命力、创造力和凝聚力中，是激励中国人民几千年来克服艰难险阻、战胜内忧外患、创造幸福生活的强大精神力量，也是激励每个中华儿女共同创造祖国美好明天的不竭力量之源

民族精神的核心：爱国主义

民族精神的基本内涵：伟大创造精神、伟大奋斗精神、伟大团结精神、伟大梦想精神

为什么要弘扬民族精神：中华民族精神是维系中华各族人民共同生活的精神纽带；是支撑中华民族生存、发展的精神支柱；是推动中华民族走向繁荣、强大的精神动力；是优秀文化的结晶，是中华民族之魂

"Q2：Why？"问题二：为什么？

记忆"中华文化与民族精神"相关知识时为什么会混淆？

回答1：思维混乱

回答2：基础不扎实

回答3：没有理解透彻每个知识点

"Q3：How？"问题三：怎么做？

怎样才能记住"中华文化与民族精神"的学习内容？

回答1：总结在"中华文化与民族精神"这一章中学了什么

回答2：通过给他人讲述更容易记忆

回答3：只记关键字

中华文化的特征：源远流长，博大精深

中华文化包容性的含义：求同存异，兼收并蓄

中华文化包容性的意义：和睦、交流；认同、理解。

中华文化的凝聚力是什么：生命力、创造力和凝聚力；强大精神力量、不竭力量之源

民族精神的核心：爱国主义

民族精神的基本内涵：伟大创造精神、伟大奋斗精神、伟大团结精神、伟大梦想精神

为什么要弘扬民族精神：精神纽带、精神支柱、精神动力、优秀文化的结晶、中华民族之魂

套用完框架之后，再把这些内容填写到一张纸上，得到下面这张表：

时间：半天
主题：中华文化与民族精神

Who：总是记不住中华文化与民族精神相关考点的学生
P/W：解决记不住"中华文化与民族精神"考点的问题
PQ：怎样记忆"中华文化与民族精神"的知识点？
IP：中华文化历史悠久 民族精神是纽带和支柱

3Q	What（是什么）？需要背诵什么内容？	Why（为什么）？为什么会遗漏清真知识	How（怎么做）？怎样才能记住学习的内容？
回答一	考点相关内容	思维混乱	总结所学内容
回答二	对我们有用的信息	基础不扎实	给他人讲述所学内容
回答三	重点内容	没有透彻理解每个知识点	记关键字

P：中华文化			
特征：源远流长、博大精深	包容性强	求同存异 兼收并蓄	
意义：和睦、交流、认同、理解	生命力、创造力、凝聚力很强	强大精神力量 不竭力量之源	

民族精神			
核心是爱国主义	创造精神	奋斗精神	
团结精神 梦想精神	精神动力	优秀文化结晶	
精神支柱	中华民族之魂	精神纽带	

这张表上1P部分是重点，必须掌握。可以看到这一页纸有四个逻辑，分别是具体的知识点、出现的问题、问题的本质、怎么办。

一页纸学习法的四个逻辑			
逻辑一	逻辑二	逻辑三	逻辑四
具体知识	出现的问题	问题的本质	怎么办
中华文化与民族精神	记忆不牢靠	不理解知识	透彻理解考点，记关键词

这就是一页纸学习法的好处：简化知识，精简总结，轻松背诵所学知识。

一页纸学习法在实际运用中要注意些什么？

◎全面不重要，有用才重要

高中学习难度大，科目多，很难做到面面俱到。在时间和精力有限的情况下，学有用的知识变得特别重要，那些不考的内容我们不熟练掌握也没有关系。

比如在上面提到的"中华文化与民族精神"这一部分，我们就可以不用熟练掌握民族精神在当代的具体表现，以理解为主，因为很少考到这个知识点。

◎一定要用自己的方式总结

20个字看起来不多，实际上要用自己的话概括出来很难。这也是我们在运用一页纸学习法需要特别注意的地方。为什么一定要用自己的方式总结？这是因为用自己的方式总结，会伴随着自己的理解，更不容易忘记。

◎明确目的，边分析边思考

一页纸学习法适用于在总结阶段使用，虽说是总结类方法，但也需要有明确的目的，因为目的就是导向。而且一定要边分析边思考，这样的记忆才持久。

3.2 九宫格学习法：
矩阵填充，实现趣味学习

世界是多元化的，同样学习也需要多元化，九宫格学习法就是极简学习法里一种多元化的学习方法。

什么是九宫格学习法？

九宫格学习法由"曼陀罗九宫格思考法"演变而来，是一种利用九宫格矩阵图来学习的方法，被称为"东方的思维导图"，它可以让你的学习过程更有成就感。九宫格学习法具体由画九宫格、填写、检验三个步骤组成。

第一步：画九宫格

在一张A4纸上分别画出四条平行的横线和竖线，组成一个九宫格。正中间的格子代表主题，可以先空出来。剩下的八个格子分别按顺序写上标题：学习&成长、体验&突破、休闲&娱乐、家庭&生活、工作&事业、身体&健康、财务&理财、人际&社群。把它画出来，如下：

学习 & 成长	体验 & 突破	休闲 & 娱乐
家庭 & 生活		工作 & 事业
身体 & 健康	财务 & 理财	人际 & 社群

注意不要随意改动九宫格里每一个标题的顺序，因为这些顺序有自己的意义。比如：最上面的一排代表人生的三大享受，最下面的一排代表人生三大基石。

第二步：填写

画出九宫格后，下一步要做的是填写九宫格的具体内容。

"学习＆成长"这一栏写有关学习方面的内容，比如：看完《红楼梦》；记英语第一单元的35个单词；预习地理"地球的运动"这一章节的内容。

"体验＆突破"这一栏写对自我突破有用的事项，注意这里不仅仅局限于学习方面，生活方面的突破也可以写出来，比如：学会骑自行车；学会游泳；学会炒一道家常菜。

"休闲＆娱乐"这一栏目写在闲暇时间进行的可以放松身心的活动，比如：看电影、听音乐、逛街等。

"家庭＆生活"这一栏写有关家庭活动和生活方面的琐碎，比如：整理房间；陪奶奶逛公园；帮爸爸妈妈看妹妹。

"工作＆事业"这一栏比对到我们的学习中，主要是指对学习具体的考核，比如：某次英语考试达到120分以上；九个科目的作业有3个"A+"；语文默写古诗不能出错。

"身体＆健康"这一栏主要填写与身心健康有关的内容，比如：放学后打篮球；周末早起打羽毛球；作息规律，保证充足的睡眠。

"财务＆理财"这一栏内容对我们学生来说比较简单，如果住校就可以重点关注每天还剩多少生活费，生活费够不够用等问题。

"人际＆社群"这一栏的内容主要是和同学、老师之间的关系，比如：交两个新朋友；参加学校"五四青年节"吉他社团活动；教师节给老师写一张祝福卡片。

看似比较好理解的九宫格学习法，也有"三七二原则"需要遵循。意思就是，在用九宫格学习法制订目标时，要制订三个一定能达成的目标；七个努力才能达成的目标；两个特别想实现但很有挑战的目标。

三七二原则		
三	七	二
一定能达成的目标	努力才能达成的目标	特别想实现但很有挑战的目标

第三步：检验目标

填写完内容后，接下来要做的就是检验目标。为什么要检验目标？这是由于在制订目标时，有些目标并不科学、合理。就像在很饿时点菜，可能会出现点很多但最后吃不完的现象。

检验这一步就可以帮助我们筛选目标，杜绝不合理现象产生。具体方法可以用SMART原则，即：Specific（具体）、Measurable（可衡量）、Attainable（可实现）、Relevant（相关）、Time-bound（时限）。

Specific（具体）：目标一定要详细，不能笼统。

Measurable（可衡量）：目标最好能用数字、要达到哪个程度等一系列指标来衡量，来客观描述。

Attainable（可实现）：不能制订无法实现的目标，目标既要根据自身条件去设定，又可以通过努力实现，切忌假、大、空。

Relevant（相关）：目标与目标之间要有关联，不脱离整体目标的方向。

Time-bound（时限）：科学的目标一定要有时间期限，任何脱离时间期限的目标都不能算一个好目标，这里提供三个时间给你参考——开始时间、结束时间、关键点时间。

SMART原则		要点	例子
S	Specific（具体）	精确 详细 不能笼统	× 我要看书 √ 我要看十本有关如何学习英语的书
M	Measurable（可衡量）	数字 程度可量化	× 今天我要写语文试卷 √ 今天写完一套语文试卷
A	Attainable（可实现）	不空洞 切忌目标过高	× 考到年级第一名 √ 在原名次的基础上进步30名
R	Relevant（相关）	切忌脱离整体方向 目标间有关联	总目标：提高写作文采 × 看数学类书籍 √ 看文学类书籍
T	Time-bound（时限）	开始时间 结束时间 关键时间	× 生物稳定在80分以上 √ 一学期之内把生物稳定在80分以上

九宫格学习法在实际学习中该怎样运用？

九宫格学习法适用范围非常广泛，可以在制订目标和计划时使用，也可以在具体学科中使用。我们具体来看看：

◎用九宫格学习法预习

很多学生误以为预习就是简单地浏览课本内容，不需要用任何学习技巧。实际上，预习时就可以用九宫格学习法，让知识点一目了然，上课时更好地跟着老师的思路走。

步骤非常简单，第一步：画出九宫格；第二步：在九宫格内分别填写预习主题、课前疑问区、经典题型区、反思区和知识点区这五大预习要素；第三步：把九宫格最后一排留给知识点区，剩余的格子分别留给其他不同的区。

以初中物理中"声音的特征"这一内容为例，按照九宫格学习法来预习，得到如下九宫格：

预习主题：声音的特征	经典题型区：选择题、判断题	反思区：误解每种介质中声音的传播速度一样 误解声音和振动的关系
课前疑问区： 为什么会听到回声？	声音是怎么产生的？	声音的传播有速度吗？
知识点区： 声音由振动产生，振动停止，声音也停止 有声音物体一定振动，有振动不一定能听见声音	声音的传播需要介质，一切固体、液体、气体都可以作为声音的传播介质 声音在不同的介质中传播速度不同。固体中传得最远最快，气体中传得最慢，v固＞v液＞v气	声速的单位是m/s；声音在空气中的传播速度约是340m/s 回声是声音在传播过程中遇到障碍物就会反射回来，再次听到的声音，通常称为回音或回声

你看，如果在课前有这样一张九宫格摆在你面前，是不是感觉上课时有底气多了，至少比其他不预习的同学知道老师这节课即将要讲什么内容，学习过程是不是更有成就感？

◎九宫格学习法在体育中的运用

体育课中同样可以使用九宫格学习法，以达到强身健体、提升综合素质的目标，比如用九宫格做俯卧撑、收腹跳、"米"字跳跃。

①用九宫格做俯卧撑

在地上画一个九宫格，或者找一个有格子的地面组成九宫格，分别按顺序把每个格子用1~9编号，如下图所示。具体做法是：俯卧撑于地面，把左手放在1上，右手放在3上，屈臂俯身至肘关节略高于躯干，尽量让鼻尖靠近5，然后伸臂起身还原。做的过程中，不能塌腰，让身体保持一条直线。

1	2	3
4	5	6
7	8	9

数字1~3的距离称双手间距，用九宫格做俯卧撑的好处是双手间距可以随意选择，可以是1~3、1~9、2~6、3~4等。不同的间距锻炼的力量不一样。

除了双手做俯卧撑，还可以单手在九宫格上做俯卧撑，比如只用左手放在1上，或只用右手放在3上。

②用九宫格做收腹跳

双脚站在数字5内，两只脚往上跳，双腿屈膝，尽量让大腿靠近胸口，注意不能驼背，这样就完成了收腹跳。在用九宫格做收腹跳的过程中可以规定站在任意一个数字框内，但做的时候不能跳出那个规定的框里。

做收腹跳的同时可以给自己计时，比如一分钟做多少个、90秒做多少个等。

③用九宫格进行"米"字跳跃

"米"字跳跃可以锻炼我们的协调性，具体做法是双脚站在数字5内，按照"5→1→5→2→5→3→5→4→5→6→5→7→5→8→5→9→5"的顺序画一个"米"字进行跳跃。

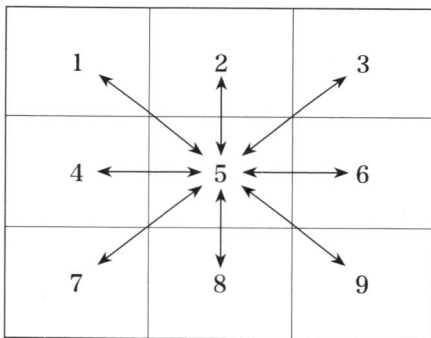

用九宫格进行"米"字跳跃，要求我们有节奏、有力量，体会腿发力的感觉，从而锻炼全身。

◎用九宫格学习法制订假期计划

用九宫格学习法制订计划需要注意上文提到的"三七二原则"和"SMART原则"。

现在尝试用这种方法制订具体的寒假计划，比如：2022年寒假目标是在完成寒假作业的基础上，预习下学期背诵类课程，并提升作文文采。根据这个目标可以得到下面这个九宫格：

学习＆成长	体验＆突破	休闲＆娱乐
□看一本课外书《漫长的告别》 □每天写日记 □看央视纪录片，学央视的文案，积累好词佳句	□学习摄影构图方面的知识	□看贺岁档电影 □逛街
家庭＆生活 □帮助妈妈做家务	**2022年寒假计划**	工作＆事业 □某次英语考试达到120分以上 □九个科目的作业有3个"A+" □语文默写古诗不能出错
身体＆健康 □每天跳绳200个 □羽毛球	财务＆理财 □攒1000元压岁钱	人际＆社群 □见老同学

九宫格学习法在实际使用时的注意事项

◎灵活调整

九宫格学习法是一种极简又多元的学习方法，非常有趣味性。我们在使用它时，需要根据不同的主题，灵活作出不同的调整。

◎不适用于原因分析

虽说九宫格学习法适用范围广，但也不是所有学习都可以用此种方法，比如原因分析类的学习问题就不适用九宫格学习法。毕竟，在适当的时候要用恰当的学习方法，适合自己的才是最好的。

3.3 卡片学习法：利用碎片时间，重复记忆知识

鲁迅曾说"时间就是生命"，可见时间的重要。在学习中我们也要学会抓住每一分钟，不放过任何碎片时间，卡片学习法就是一种很好的利用碎片时间的学习方法。

什么是卡片学习法？

所谓卡片学习法，就是利用一张卡片来记录核心知识点，帮助我们温习，以实现碎片化记忆的一种极简方法。卡片主要由标题、正文、附加信息三部分组成。

◎组成卡片只需三要素

标题、正文、附加信息是组成卡片的三要素。

标题是卡片的主题，主要分两大类型，分别是干货型和问题型。比如初中生物中的"生物和细胞"这一内容，干货型卡片标题我们可以设置成：生物的六个特征、人体的四种基本组织、绿色开花植物的六大器官等，着重用数字体现知识内容。问题型标题我们可以取：生物的特征是什么？人体有哪些基本组织？绿色开花植物有哪些器官？用提问整理知识内容。

正文是卡片里最重要的部分、核心内容，这部分也是我们要记忆的主要知识，按照不同的卡片类型填写不同的卡片内容，比如概念、方法、结论、公式、案例等。

　　附加信息是卡片知识的详细出处，这样做的好处是方便以后我们在忘记知识时，快速找到知识点，及时回顾。

　　把卡片学习法的卡片模型罗列出来，得到下面这张图：

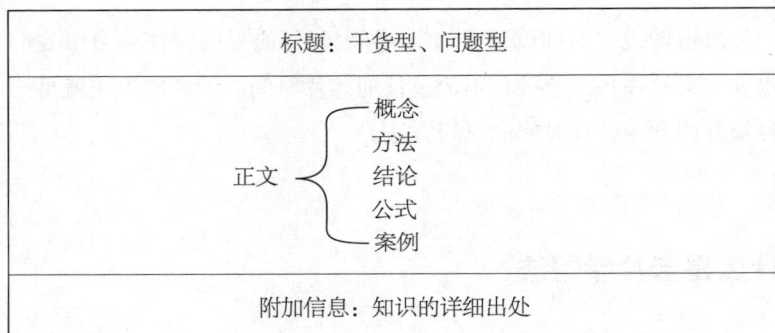

标题：干货型、问题型
正文 ⎧ 概念 方法 结论 公式 案例
附加信息：知识的详细出处

学习卡片的几种类型

◎资料型学习卡片

　　资料型学习卡片能够帮助我们记忆有用的知识，集中记录有用知识点。这是最常见的卡片类型，主要针对一个问题进行解答，所有你认为对你有用的资料都可以用这类卡片来学习。以上面提到的"生物和细胞"这一知识点为例，可以得到以下资料型学习卡片：

标题：生物的特征是什么？	标题：绿色开花植物有哪些器官？
正文： 生物是由细胞构成的。 生物的生活需要营养。 生物能进行呼吸。 生物能对外界刺激作出反应。 生物能生长、发育和繁殖。 生物都有遗传和变异的特性。	正文： 绿色开花植物体通常都是由根、茎、叶、花、果实、种子六大器官构成的。根、茎、叶、为营养器官，花、果实、种子为生殖器官。
附加信息：《生物学》（七年级上册）（人民教育出版社）	附加信息：《生物学》（七年级上册）（人民教育出版社）

◎摘录型学习卡片

这类学习卡片主要在搜集作文素材、摘录好词佳句、进行课外阅读等你想记录的时候使用。为了方便理解，我用两个摘录型学习卡片作为例子：

标题：奥运人物素材积累	标题：名人语录摘抄
正文： 在北京冬奥会自由式滑雪女子大跳台的比赛中，谷爱凌用一个此前从来没做过的高难度动作夺冠，取得历史性突破。 【适用主题】：突破自我、热爱、挑战极限、勤奋自律	正文： 愿你生命中有够多的云翳，来造成一个美丽的黄昏。 ——冰心 成功的花，人们只惊羡她现时的明艳。然而当初她的芽儿，浸透了奋斗的泪泉，洒遍了牺牲的血雨。 ——冰心
附加信息：关于谷爱凌的作文素材	附加信息：冰心的语录

◎专题型学习卡片

这类学习卡片主要针对专门的问题做专门的研究，比如：英语单词的记忆、语文文言文生词卡片记忆、数学公式记忆等某个主题的记忆。它的好处是能够很快产生与同类知识之间的链接，简单易行，促进思维联想记忆。

卡片学习法的好处

◎记忆知识方便灵活，减轻大脑负担

卡片学习法里一张卡片只解决一个问题，每张卡片只有一个知识点。与思维导图不同，卡片学习法可以将核心知识抽离出来，单独记忆。

比如同一个知识点，思维导图会把概念、意义、性质、特征等知识点全部罗列出来，组成一个知识框架，而卡片学习法只整理其中一个知识点。由此对比可见，卡片学习法不仅减少了知识体量，更减轻了大脑负担，而且可以随时随地拿出卡片记忆，不受时空限制，不占大块时间，更方便灵活。

◎轮流记忆，随时复习

我们可以把制作的卡片分为三部分：第一部分是新知识或容易遗忘的知识，我们记住了一部分知识后，就把这些卡片放到第二部分去；过三天，再对第二部分的内容进行复习，如果这时出现了遗忘的知识点，就可以把这部分的卡片放回第一部分去，对于没有遗忘的内容则可以放到第三部分去；过一周复习第三部分，第三部分的卡片没记住的又放到第一部分去。以此类推，重复记忆，随时复习每个知识点。

第一部分卡片：		第二部分卡片：		第三部分卡片：	

标题：
正文：
附加信息：

记住 →
← 遗忘

标题：
正文：
附加信息：

记住 →

标题：
正文：
附加信息：

记住 →

遗忘

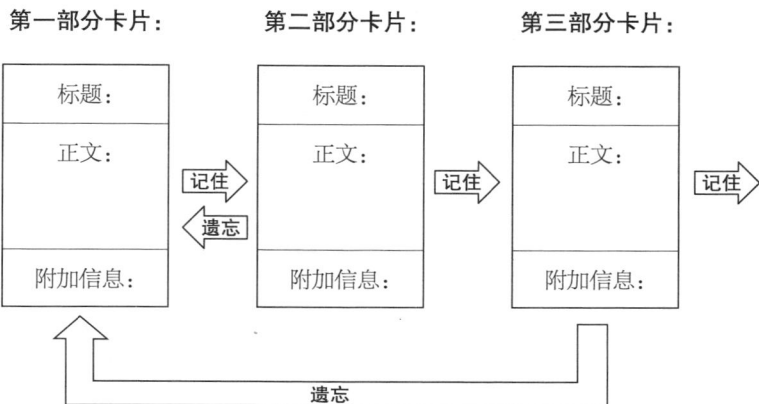

◎随便抽取，轻松了解学习现状

记忆每部分卡片内容时不用按照顺序，采用随便抽取的方式更能检验自己。记录每张卡片的遗忘次数，了解哪张卡片的内容更容易遗忘，可以帮助我们轻松了解自己的学习情况，方便后续针对性记忆。

卡片学习法在实际学习中该怎样运用？

了解了什么是卡片学习法及其类型和好处之后，接下来我们就可以把它运用到实际的学习中去了。

◎卡片学习法在语文古诗文中的运用

上文中提到可以用卡片学习法搜集语文作文素材，这里我来讲下如何用卡片学习法来针对性记忆文言文。以《桃花源记》为例，我们先制作一些专题型学习卡片。

标题：《桃花源记》一词多义	标题：《桃花源记》生词
正文： 舍： 便舍船（shě，动词，舍弃，离开） 屋舍俨然（shè，名词，房屋，住所） 寻： 1.寻向所志（动词，寻找） 2.寻病终（副词，随即，不久）	正文： 阡陌交通（qiān mò） 黄发垂髫（tiáo） 便要还家（yāo） 屋舍俨然（yǎn） 夹岸（jiā）
附加信息：《语文》（八年级下册） （人民教育出版社）	附加信息：《语文》（八年级下册） （人民教育出版社）

再制作一些资料型学习卡片和摘录型学习卡片：

标题：渔人的行踪是什么？	标题：《桃花源记》原文归类
正文： 渔人的行踪：发现→进访→离开→再寻。 逢桃林——渔人发现桃林。 访桃源——渔人进入桃花源的见闻经历。 离桃源：渔人离开桃花源 寻桃源——再寻无果	正文： 表现桃花源人们生活的句子：其中往来种作，男女衣着，悉如外人。黄发垂髫，并怡然自乐。 表现桃花源人们热情好客的句子：便要还家，设酒杀鸡作食。村中闻有此人，咸来问讯。余人各复延至其家，皆出酒食。
附加信息：《语文》（八年级下册） （人民教育出版社）	附加信息：《语文》（八年级下册） （人民教育出版社）

你看，如果把这些知识写在卡片上，你随时都能带走卡片，跟知识"待在一起"，是不是更方便记忆了呢？

◎卡片学习法在记忆英语单词中的运用

用卡片学习法来记英语单词非常实用。可以一个卡片写多个单词，这种方式不仅适用于读写记忆，还适合用在默写中。也可以一个卡片写一个单词，卡片背后写上对应的意思，具体做法是：把卡片的英文词翻译成中文，如果翻译不出就把卡片翻到后面，直到能熟练记住英语单词为止。

这两种方式制作的卡片分别如下：

方式一：一个卡片写多个单词

admire trick fool business dessert	欣赏；仰慕 花招；把戏 蠢人；傻瓜 生意；商业 甜点；甜食

方式二：一个卡片写一个单词

warmth	温暖；暖和

卡片学习法在实际使用时的注意事项

◎制作卡片的大小、形式因人而异

用什么样的卡片比较随意，没有特别的讲究。可以用废弃的草稿纸剪裁成合适大小的卡片；也可以用便利贴作为一个卡片；甚至可以买很小的笔记本当卡片使用。按照方便携带的标准挑选卡片即可。

在制作卡片内容时，也需按照不同的内容，选择适合的模板，比如在用卡片学习法记单词时，就只需要把单词写在卡片上，不用写主题，正文、附加信息。

◎分类的卡片不要搞混淆

卡片本身比较小，如果卡片很多，要特别注意分类保存，以免混淆，特别是专题型卡片。

◎卡片随便抽取，不按照顺序

最需要特别注意的是在卡片学习法中不用按照顺序记忆。上文中我们了解到，卡片学习法的一个好处是轻松了解学习现状。这是基于随便抽取卡片的基础上，只有不按顺序抽取卡片，才能更好达到检验的目的。

3.4 举一反三法：
构建底层逻辑，快速找到解题框架

学习中经常有这样一种现象出现，以前做错过的题，再次做还是会做错。现在能做对以前做错的题，但同类型的题还是会做错。这说明在改正错题方面不够踏实，对做过的题目总结消化不够，且不会举一反三。

什么是举一反三法？

举一反三的"一"表面上是一种技巧和方法，实际上是一种思维训练。意思就是从一件事里得到同类型问题的答案和解题思路，以构建固定的底层逻辑，从而达到简化解题思路、提高学习效率的目的。

如何举一反三？

那么该如何进行举一反三的思维训练呢？

◎定期整理知识，构建底层逻辑

我们在学了一天的知识后，一定要明白重点是什么。重点一般以两种方式体现，第一种是课堂上老师反复强调或直接告诉的重点内容，第二种是教材中加粗的字体。

在了解了什么是重点之后，就要对知识点进行整理和反思。具体做法是：首先，思考知识点与知识点之间的关联。其次，总结经典题目，发现解题方法和技巧的共同之处。最后，再进一步做一题多变，一题多解，挖掘出题目的深度和广度，构建属于自己的逻辑。

◎在错题中找思路，掌握解题规律

在错题中找思路主要有两种方法，分别是制作错题本和给别人讲错题。

前期如果你还没有错题本，那么建议你多刷题，最好找一些经典题目进行练习，比如课本上的课后例题，并制作出属于自己的错题集，进行错题集中的输入。注意这里的错题还可以是试卷或练习册上的错题。

给别人讲错题也是把错题变"废"为"宝"的好方法，在这个过程中，你首先要讲为什么错了，是哪一步犯的错，正确思路是什么，下一次该注意哪一个地方才能避免再次犯错。通过这样的讲解可以培养深度思考的能力，更好地找到解题规律。

除了有关知识点的错误，我们还可以总结一些细节错误来举一反三，找到那些因为不细心导致丢分的情况，比如看错题目、看错数字、写错选项等。可以把这些错误在考试开始前写在便笺纸上，提醒自己这次考试不能重犯。

利用错题举一反三		
制作错题集	给别人讲解错题	总结细节错误

◎反复研究典型题目，总结解题套路

举一反三法不是题海战术，也不是题做得越多就越会举一反三，举一反三的秘籍是"总结"。

它强调反复刻意地研究某一类题型的题目，直到你看到这类题，脑海里自动浮现解题思路。因为同类型的题目都有通性通法，具体做法是：反复研究典型题目，并且给予同类型题目更多的变式，再次反思、整理。这一步实际上就是在整理思维，循序渐进地培养我们举一反三的能力。

举一反三法在实际学习中该怎样运用？

我们既可以在错题中举一反三，也可以在典型题目中举一反三发现规律，那么在具体学科中我们该如何举一反三呢？我用英语和数学举例。

◎举一反三法在英语中的运用

套用前面的方法举一反三学习英语，首先要做的就是整理知识，在英语学习中我们可以先对词汇进行总结，比如：学习"绝不"这一短语时，我们就可以罗列高中学到的所有表达这一意义的短语，总共五个，分别是：by no means，in no case，in no way，at no time 和 on no account，这些短语属于同义同用法。举一反三，还可以总结和它们形近异义的短语：in no time，no wonder，no problem，no way 等。

有关"绝不"的短语:	
同义同用法：	形近异义：
in no way	no way（没门儿）
at no time	in no time（立刻）
by no means	no wonder（难怪）
on no account	no problem（没问题）

　　这是在英语学习中举一反三的第一种方法。第二种方法是反复研究经典题型，针对同一个知识点，剖析不同考点，总结出其中的规律。比如英语考试中，"adj.与of+n.的互换使用"这一考点，就可以出很多不同的考题，可以是语法填空题、完形填空题、短文改错题等。

　　语法填空题可以这样出题：

　　You will find this map of ＿＿＿＿＿＿（important），when you go around London by yourself.

　　该句设计填空，要求填出其名词形式importance。

　　完形填空题可以这样出题：

　　You will find this book very ＿＿＿＿＿（important/importance），when you learn English by yourself.

　　要求考生在important与importance之间做出选择。

　　也可以在短文改错题中出现，考点是：需要判断of后需要加名词，无of用形容词形式的用法。

　　你看，虽然是不同的题目，但考的都是"adj.与of+n.的互换使用"这一知识点。只有多次训练、刻意练习，我们才能加深对该词汇或句型的理解，长期有效记忆。在今后做题中遇见类似的题目，大脑形成对知识点的长期记忆后，就可以马上举一反三，灵活运用所学的知识。

◎举一反三法在数学题中的运用

举一反三法用在数学学习中，更注重深层次的归纳和总结，比如在"圆和圆的位置关系"这一内容中。许多学生会这样记忆辅助线：两圆相切，过切点引公切线；两圆相交，连接公共弦。

如果我们对引辅助线的方法只局限于机械记忆，只会生搬硬套，那有很大概率仍不会做题。但如果深层次理解和总结这部分知识，会有不一样的效果，这部分知识会变得更灵活简洁。

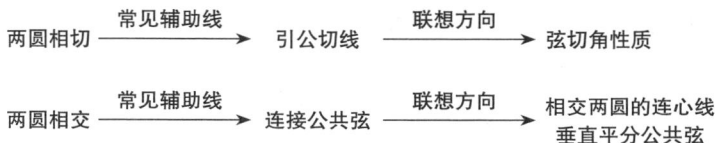

两圆相切 ——常见辅助线—→ 引公切线 ——联想方向—→ 弦切角性质

两圆相交 ——常见辅助线—→ 连接公共弦 ——联想方向—→ 相交两圆的连心线
垂直平分公共弦

如果你能弄清这些知识点之间的关系，又不局限于条条框框，善于总结和动脑，那么在实际运算中，一定能举一反三，体会到数学的乐趣。

举一反三法在实际使用时的注意事项

◎举一反三法是思维训练

举一反三法是一个长期的思维训练，并不是你掌握了某种题型的解题技巧，就叫掌握了举一反三法，它强调的是梳理知识体系、巩固总结的能力，最终锻炼的是理性思考力。

◎不能搞题海战术

做题的目的是检验知识，检验的目的是加强知识的牢固性。举一反三学习法要求我们反复做不会的题，注意不是搞题海战术，而是让你找出类似的知识点和解题技巧，把知识整合成网络。对于会做且能看懂的题，要学会关联其他题目。

这样做的终极目的是让自己养成主动思考的习惯，因为经过反复思考后，我们的学习思路才会慢慢打开，这时的收获才是真正的收获。

◎举一反三要及时

举一反三也要趁热打铁，意思就是在你刚学会一个知识时，要反复地做题，进行一些刻意训练，因为这时做的训练才是印象最深刻的。

3.5 思维导图学习法：迅速拆解知识，直击问题根源

俗话说"一幅图画顶一千个词汇"，这说明图画的重要性。而思维导图就是利用我们的想象，使用大脑思维里的要素构成一幅图画。在学习中也用图像来剖解知识，这就要用到思维导图学习法。

什么是思维导图学习法？

所谓思维导图学习法，就是借助图表来分析问题、理清思路，以实现信息结构的可视化，最终达到极简高效学习的目的。

◎有效刺激大脑，极简快速记忆

获得1981年诺贝尔生理学或医学奖的美国心理生物学家斯佩里博士曾提出"左右脑分工理论"：左脑主要负责处理语言、逻辑和数学等偏理性的事务；右脑主要负责处理图像、幻想和情感等偏感性的事务。

在我们的日常学习中，传统的机械记忆通常只用到了左脑，极少用到右脑，而思维导图则可以帮我们将思维形象化——在左脑进行机械记忆的同时，主要负责处理图像类信息的右脑无形中也可以参与进来，这样，左右脑同时记忆能更有效地刺激大脑、提高学习效率。

此外，思维导图学习法还能帮我们迅速理清思路。比如，当我们用它构建知识框架时，多余的文字会被我们舍弃，留下的全是精简后的重点知识。

◎迅速拆解问题，直击问题根源

思维导图由很多不同的分支组成，每个分支都是上一个主题更深层次的剖析，它具有发散性。然而，大部分人只把它当作发散思维的工具，丝毫没有意识到它还有另一个功能：帮助我们迅速拆解问题，直击问题根源。

那么，如何通过画思维导图找到问题的根源呢？只需两步。

第一步，发散思维。针对某个具体问题，思考导致这个问题出现的多种原因。

第二步，画出思维导图，找出问题根源。在把上一步总结出的种种原因仔细罗列出来后，将其作为思维导图的第一个分支，在这个分支的基础上，层层剖析每个原因背后的具体问题。

下面我们以学习中最常遇到的"我为什么无法取得理想的分数"这一问题来画思维导图：

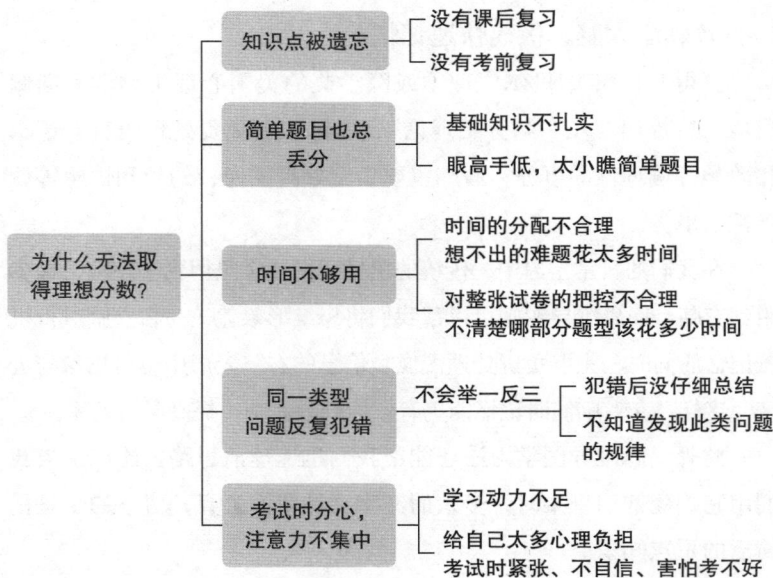

你看，用思维导图法一步一步拆解，是不是一下子就能找出问题存在的根源了？

◎增强趣味，提高学习主动性

无论是成绩好还是不好的学生，都会有学习动力不足的时候，在这样的状态下，学习效果肯定大打折扣。此时，我们可以尝试用思维导图学习法来突破困境。

思维导图里大大小小的分支被各种各样的重点信息填满，给人很大的视觉冲击和心理冲击；动手绘制思维导图的过程也充满了探索的趣味。

当学习变得有趣之后，学习的积极性和主动性自然就提高了。

思维导图学习法的实际应用

在了解了思维导图学习法的基本概念和作用后，我们就可以把它运用到实际的学习中去了。

◎用思维导图制订学习计划

在实际学习中，制订学习计划必不可少。那么，到底什么是学习计划呢？学习计划其实主要由五个部分组成：主题、个人分析、时间规划、具体学习内容、注意事项。

①主题

首先要明白你的学习计划到底是什么，比如物理第一章学习计划、暑假学习计划、数学第一周学习计划、提升10名学习计划等。

②**个人分析**

确定了学习计划的主题，接下来要做的就是自我分析。比如，要做一个关于"提高某科成绩"的学习计划，那么就要着重从这一科的分数分布这一点进行分析。具体可以结合自己最近一次考试在哪种题型上失分多、哪些是不能失分的基础题、是否已经查漏补缺等方面思考研究。

③**时间规划**

学习时对时间做规划是很有必要的。我们可以做短期的时间规划，比如：下周每天晚上都要背一个小时的英语单词；也可以做长期的时间规划，比如：这个学期我要重点突击化学习题等。

④**具体学习内容**

这一步非常关键，是整个计划中最核心的部分。还是以"提升十名"的学习计划来举例，当你分析出每个学科应该提升多少分的时候，接下来要做的就是针对这些可以提升的分数去研究对应的考点，在此基础上开展学习才更精准高效。

⑤**注意事项**

把注意事项纳入其中是为了鞭策自己更快更好地实现学习目标。它可以是今日事今日毕、遇到问题及时解决、注意心态的调节等。

◎**思维导图在语文作文审题中的运用**

思维导图学习法除了可以帮助我们制订学习计划，在具体的学科学习中也有很强的实操性。我们先来看如何用它对语文作文审题。

要正确审题，第一步要做的是：嚼碎文字信息，把句子拆解开来详加审读。

比如2022年全国新高考1卷要求以"本手、妙手、俗手"为主题写作文。"本手、妙手、俗手"可以拆解成"本手""妙手""俗手"三个信息。

拆解了句子信息之后，下一步要做的就是分析拆解的词语，思考隐藏在词语背后的深层信息。这里可以从两个角度去分析，一个是时间，一个是主题。

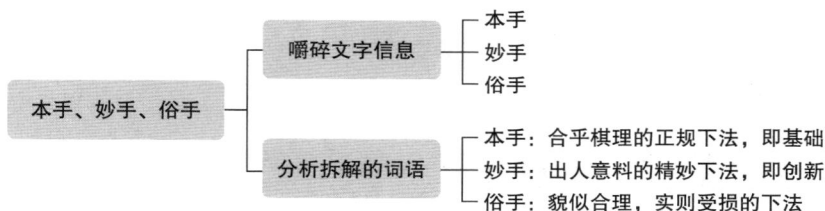

得到这些信息之后，我们要确定从哪个方向去写，这是第三步：确定主次。在"本手、妙手、俗手"中，很显然"本手、妙手"是主，"俗手"是次。这样才算审对了题目。

于是，我们得到完整的思维导图：

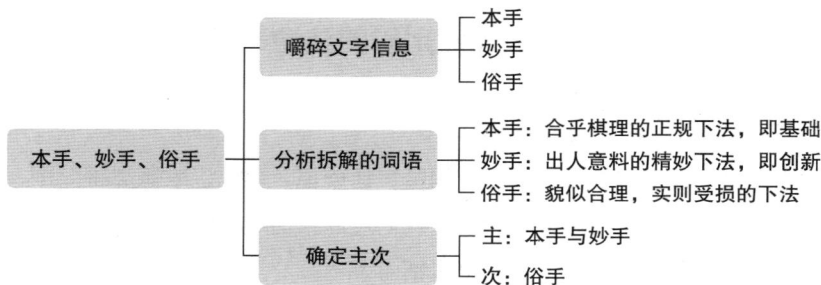

你看，经过这样的分析，是不是能感觉审题的思路变得简单清晰多了？这就是思维导图学习法在语文中的妙用。

◎思维导图在数学错题集中的运用

除了文科，理科学习也能用到思维导图。以制作数学错题集为例，我们只需要做个框架，往里面填充具体内容就行。

先来看看组成错题本的四大部分：例题、正确的解题步骤、出错原因、总结，把这四大元素加入思维导图中，我们可以得到以下框架：

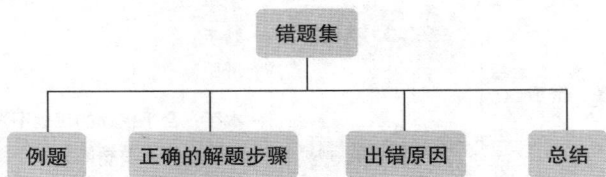

```
                        错题集

    例题    正确的解题步骤    出错原因    总结
```

这个框架就是整个思维导图的核心。

有了这个框架，60%的内容基本已经确定，剩下的具体内容只需要按照这个模板填充进去就好。

思维导图学习法在实际使用时的注意事项

◎思维导图不能过分注重形式

初、高中的学习本来就时间紧、任务重，而动手绘制思维导图又需要花费大量的时间，所以，我们可以用简单的线条来替代标准的五颜六色的线条，以节省更多精力。

◎思维导图中的观点要有逻辑关系，忌杂乱无章

学习中常见的四种逻辑关系分别是：总分、并列、递进和因果。以本节中我们用到的思维导图为例，有的思维导图是并列的逻辑关系，有的是"并列＋因果"的逻辑关系，有的则是递进的逻辑关系，一定不能混淆；否则就会越做越乱、事倍功半。

3.6 番茄工作法：25分钟养成专注习惯

"成功始于专注，专注在于当下"，无论是对工作还是学习，专注都是很重要的。番茄工作法就是一种很好的在学习中养成专注的好习惯的方法。

什么是番茄工作法?

番茄工作法是由意大利作家弗朗西斯科·西里洛提出来的一种时间管理方法，它的目的是让一个人最大限度地保持专注，达到心流状态，最终打败拖延症，高效利用时间。

◎一次只做一件事，提升专注力

番茄工作法指出，当你在做一项任务时，要把花在这项任务的总时间分段处理，每段时间设置为25分钟，这25分钟就叫一个番茄钟。一个番茄钟完成后，休息3~5分钟，继续开始下一个番茄钟，直到第四个番茄钟结束，就可以休息25分钟，再开始新一轮的番茄钟，直到完成任务为止。

一个番茄钟内只能做此项任务，不能做与任务无关的其他事，不然这个番茄钟就作废，得重新开始计算时间。番茄工作法强调专门的时间做专门的事，它帮助我们自动抛开杂念，提升专注度。

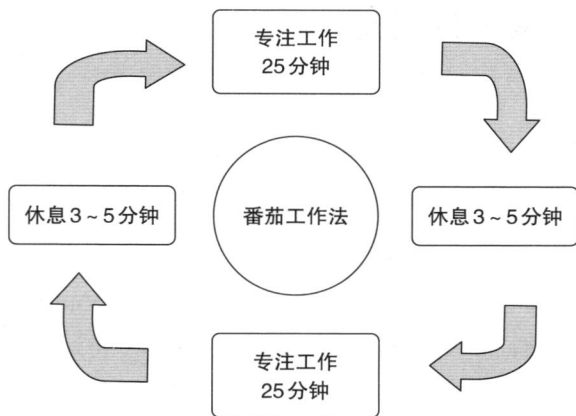

◎最快进入状态，开启沉浸式学习

很多人只注意到番茄工作法给我们带来的专注力，并没有意识到随之而来的沉浸式学习状态。其实，从番茄工作法计时的那一刻起，我们的大脑就已经进入学习状态了。

后面我会讲到，番茄工作法有两个表，一个是今日待办工作计划表，另一个是待办活动表，每张表都罗列清楚你要做的事。这样，你打算开始做事时，就不再思考具体做什么事或从哪件事开始做，而是直接进入做事状态，开启沉浸式学习。

◎张弛有度，劳逸结合

番茄工作法里的25分钟需要高度集中注意力，丝毫不能分心。为什么是25分钟？这是根据人类的大脑结构、机能以及生物节律来定的，番茄钟的周期越短，注意力越容易集中。

休息的3~5分钟，是大脑短暂性休眠的时间。番茄工作法不会让你一直高强度地做事，而是劳逸结合，张弛有度。

番茄工作法的实际应用

◎准备工具

在开始使用番茄工作法学习前，你要准备一个计时器、一张今日待办工作计划表、一张待办活动表。

计时器：可以是手表，也可以是手机，还可以下载相关的App，这里推荐一个叫"番茄时钟"的App。这个App既能设置每项任务所需的番茄钟数量，又能制订待办活动表和今日待办工作计划表。

今日待办工作计划表：这个表用来罗列今天要做的事，比如：完成两个课时的语文同步练习，浏览历史第二章所有内容，用一页纸学习法总结第一小节地理知识点等。今日待办工作计划表里要有"时间、任务、番茄钟数、计划外的事"这四要素。把它罗列出来，是下面这个样子：

星期一		
任务	**番茄钟数**	**计划外的事**
1.完成两个课时的语文同步练习	☐ ☐ ☐ ☐ ☐	
2.浏览历史第二章所有内容	☐ ☐ ☐ ☐ ☐	
3.用一页纸学习法总结第一小节地理知识点	☐ ☐ ☐ ☐ ☐	

表中"计划外的事"指的是你在用番茄钟做任务时，脑子里突然冒出的想法或那些打断你番茄钟的事。比如有同学来询问你一道数学题该怎么做，你突然想起今天有一篇英语作文没

有写等，在你计划外的事项。

待办活动表：这个表相当于番茄工作法里的任务汇总表，记录的是所有你想做的事和那些计划外的事，你能在这个表中找到今日待办工作计划表里的任务。

◎制订计划

准备好这些工具后，接下来要做的就是制订计划。当你提前罗列好待办活动表之后，制订计划就变得很简单，只需要从你的活动清单中，挑选出你今天需要完成的任务，写在今日待办中即可。

◎记录番茄钟

这一步是整个番茄工作法里最关键的一步，以25分钟为一个周期，记录下每项任务花费了多少个番茄钟、没有完成的番茄钟有几个，今天的任务总共花费了多少个番茄钟。

◎复盘

复盘相当于总结，也就是看每项任务所花的番茄钟数量，分析哪项任务所用的番茄钟超过你的预期，哪项任务使用的番茄钟刚好在你预期之内。

这样复盘的次数多了之后，下次制订计划时，就能更准确地推测出每项任务所需的番茄钟总数。

番茄工作法的四个流程			
准备工具	制订计划	记录番茄钟	复盘

以期中考试复习来举例，如果你想用番茄工作法高效利用考前

一周的黄金时间来复习，那么首先要做的是制订计划，其次是记录每项任务所花费的番茄钟数量和计划外的事件。

周五计划		
任务	番茄钟数	计划外的事
1.温习并熟练背诵英语常用作文短语	☑	1.收全班同学的地理作业 2.数学老师突然临时增加作业 3.同桌询问一道物理题
2.重做数学近期试卷错题	☑ ☒ ☑	
3.默写语文上半学期考试范围内的古诗	☑	
4.按时间整理考试范围内所发生的历史大事件，并依次排序	☒ ☑ ☐	

最后，复盘整个番茄工作法所用的番茄钟数量，可以帮助你不断调整各项任务分配的时间。比如：下次在整理历史大事件时，可以少设置一个番茄钟；涉及背诵和默写类的任务，只需要设置一个番茄钟；有关数学错题集的番茄钟，可以在现有基础上多设置一个。

番茄工作法在具体使用时应该注意哪些问题？

◎每个番茄钟的时间不一定是25分钟

虽说常见的番茄工作法每个番茄时钟是25分钟，但这25分钟也不完全固定，它可以根据不同的任务内容与难度进行调整。比如：当你的任务是做一套英语试卷完形填空和阅读理解部分时，可以把番茄时钟调整为一个小时，一个小时完成之后休息30分钟。

番茄钟的时间设定比较灵活，它最主要的目的是设置专门的时间做专门的事，以此培养专注力，最终养成专注习惯。

◎番茄钟时段不能切割，被打断立即终止

当你正在进行一个番茄钟却被某种原因打断，应当立即终止这个番茄钟，并且重新开启一个新的番茄钟。如果强行继续这个番茄钟，那么这个番茄钟则无效，因为任何一个番茄钟都不能被切割。

被打断主要分为两种情况，一种是内部因素打断，一种是外部因素打断。内部因素指的就是你自己的原因打断番茄钟。比如：你突然想喝水、番茄钟进行到一半突然想看手机、突然想吃点水果，这些都属于内部因素。注意，这些原因都是可控的，尽量避免因为内部因素而打断番茄钟。当你脑海里出现某个想法时，尽量控制自己不去做那件事，等到番茄钟结束之后再去做。

外部因素一般属于不可控因素。需要警惕的是被外部因素打断后，就不能继续进行番茄钟了。

◎不要在休息时间学习

番茄工作法的休息时间同等重要，就是因为那微小的3~5分钟起到了放松大脑的关键作用，关于休息，有两个地方需要注意。

第一，在休息时间一定不能学习，遵循"学习时专注学习，休息时尽情休息"的原则，番茄钟到时间后，不要继续学习，要立马停下休息，放松大脑。

第二，注意休息的方式方法，可以起身上厕所、喝水、听轻音乐，但不能做调动大脑情绪的事，比如刷短视频。这是因为在刷短视频时，人的大脑会分泌多巴胺，导致越刷越兴奋，很难停下来。这时，要想立马专注到下一个番茄钟就比较难。

第四章

刻意练习，打造高效的学习闭环

高效学习只能代表一种学习状态和最终的学习效果，刻意练习才能让学习的各个环节联系更加紧密。

什么是刻意练习呢？就是刻意用不同的方法来学习。比如用两种不同的方法读书，用两种不同的方法记忆，用一种单独的学习法学习复杂知识，用另外一种专门的总结法复盘。

具体怎么做呢？本章会列举在实际学习中的例子，帮助你更轻松地消化所学知识。

4.1 SQ3R精读法：简单五步，
轻松关联知识

当我们明确了学习目的、选对了正确的学习方向，以及知道怎样做才能提高学习效率之后，接下来很重要的一件事就是深度掌握极简学习的多种方法，刻意练习，让学习的各个环节联系得更加紧密。

本节我们要讲的是能让读书这件事真正变得轻松起来的SQ3R精读法。

什么是SQ3R精读法？

SQ3R精读法是由美国俄亥俄州立大学心理学教授罗宾逊提出的一套简单高效的读书方法，它由五个步骤组成：Survey（浏览）、Question（提问）、Read（精读）、Recite（复述）、Review（复习）。

第一步：Survey（浏览）

什么是浏览？就是大概看一遍文章内容。在这一步中不需要逐字逐句地阅读书中的每一个细节，你可以从序言、目录、标题、副标题、摘要、各章小结等地方进行浏览，了解文章的框架和重点信息。

第二步：Question（提问）

当对文章有了大概的了解，下一步要做的就是提出问题，也就是把你想到的一切问题都简单地记录下来，比如那些你感兴趣或者不懂的问题等。如果实在想不出有什么问题可以提，这里有一个便捷的提问方法可供我们使用，那就是"5W1H提问法"：Who（是谁）、When（从什么时候）、Where（在哪里）、What（做了什么事）、Why（他为什么要做这件事）、How（怎么做这件事）。

5W1H提问法					
Who	When	Where	What	Why	How
是谁	什么时候	在哪里	做了什么事	为什么要做	怎么做

我们为什么如此执着于提出问题呢？因为当我们带着疑问学习，学习的针对性就会变强，冗余信息会被我们"屏蔽"，这就促使我们不断地进行有效思考，从被动接受知识变成主动学习知识，学习效率也就会变得更高。

第三步：Read（精读）

精读是SQ3R精读法的核心内容。

学习的每一个章节、每一个小的知识点都要仔仔细细地揣摩，带着提出的问题去读，边读边思考，在书中找到自己想要的答案。

如果在精读的时候遇到难懂的地方，可以对其反复阅读，直到真正理解其含义为止，这一步的目的是一点一点地把知识点啃透，这也就是我们常说的"默读"。

除了用默读的方式进行精读，边读边写也是另一种形式的精读。河北一名英语老师要求学生在自主阅读的时候边读边写，她说："只有'眼到''手到''心到'三者结合，才能达到最好的学习效果。"

第四步：Recite（复述）

关于复述，"背诵"是最简单的方式，不过这里的"背诵"并不需要逐字逐句地背，只要能把学到的知识或全文的主题思想用自己的话描述出来，确保大概意思不偏离，都可以称之为"背诵"。

复述的主要目的是检验自己所学的东西是否正确、扎实，方便我们及时发现理解有误的地方或者遗漏的知识点，早日发现问题、突破疑惑点，这样我们对知识的掌握才会更牢固。

第五步：Review（复习）

复习是SQ3R精读法的最后一步，少了这一步就无法实现学习闭环。

通过做题来巩固所学的知识是一种非常直观的复习手段，所以，最具有实操意义的复习方法就是做大量的课后练习题。

当然，复习也要注意对时间的把控，我们可以对时间分配做详细的规划，比如：每天晚饭后复习一次、两天复习一次、三天复习一次等。

除了从实操性和时间上着手外，我们还可以用一个更简单的方法复习，那就是把SQ3R精读法的前四个步骤重复做一遍：

①浏览一遍学习内容。

②回忆一遍自己提出的那些问题并进行解答，针对不能顺利解答的问题再去仔细看一遍书，在这个过程中要特别注意是否有新问题产生。

③仔细阅读全文，把每一个知识点理解透彻。

④复述知识，强化记忆。

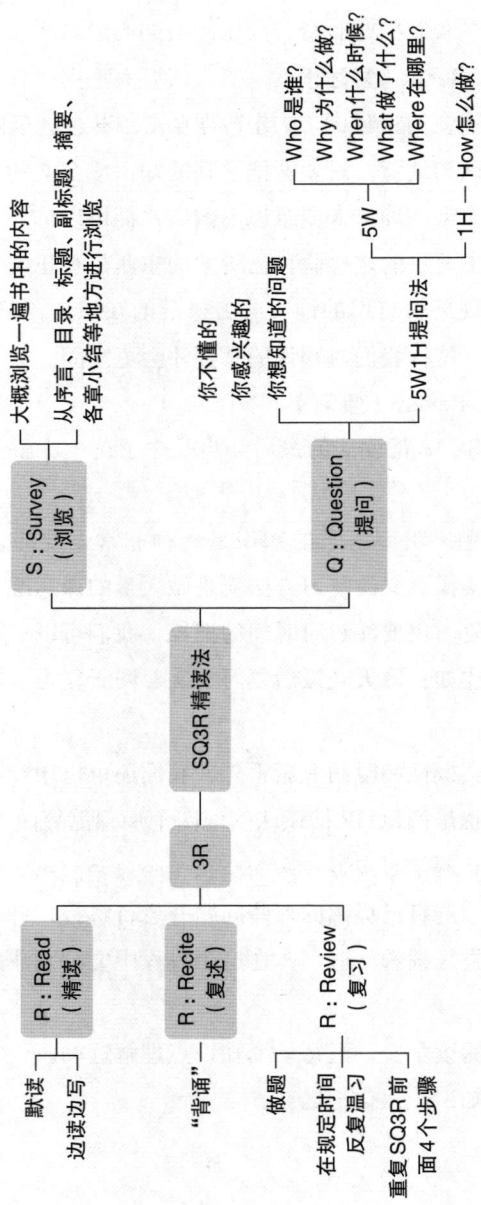

SQ3R 精读法

S：Survey（浏览）
- 大概浏览一遍书中的内容
- 从序言、目录、标题、副标题、摘要、各章小结等地方进行浏览

Q：Question（提问）
- 你不懂的
- 你感兴趣的
- 你想知道的问题
- 5W1H 提问法
  - 5W
    - Who 是谁？
    - Why 为什么做？
    - When 什么时候？
    - What 做了什么？
    - Where 在哪里？
  - 1H — How 怎么做？

3R

R：Read（精读）
- 默读
- 边读边写

R：Recite（复述）
- "背诵"

R：Review（复习）
- 做题
- 在规定时间反复温习
- 重复 SQ3R 前面 4 个步骤

SQ3R精读法在实际学习中该怎样运用？

理解什么是 SQ3R 精读法并不是目的，我们的目的是要懂得如何熟练掌握这种极简的学习方法并将其运用到实际的学习中去。接下来，我们就用具体的学科来做分析。

◎浏览：从目录中获取主要信息

拿《中国历史》（八年级上册）（人民教育出版社）来举例。通过浏览目录可以看出，这本书一共分为 8 个单元，27 个课时。

首先读每个单元的大标题，我们可以了解到它整本书都在讲中国历史。再通过目录来看时间线，它从第一单元的鸦片战争讲到了第七单元的解放战争，通过常识我们可以知道，这段历史是中国的近代史。再接着往下看，最后一个单元阶段性地介绍了中国近代的经济、社会生活以及教育文化事业的发展。

至此，我们通过读目录大概就能知道这本书讲的是中国近代史——从鸦片战争到新中国成立期间的历史。

如此浏览目录，思路是不是一下子清晰了？

◎提问：提出疑问，直击疑点

明白了整本书大概讲的内容之后，一些问题会很自然地在我们脑海中冒出头来，比如：中国近代史是从哪一年开始的？中国近代发生了哪些大事？为什么会发生这些大事？发生的这些大事给中国带来了哪些影响？带着这些问题进行接下来的学习，我们就能更精准地解决学习疑点、更全面地掌握全书知识点。

◎精读：逐字逐句地阅读，充分吸纳知识

我们已经知道，精读这一步提倡我们逐字逐句地阅读，反复思考，把知识点吃透。

以高中数学的"集合"概念为例，书中对集合的定义是：一般地，我们把研究对象统称为元素，把一些元素组成的总体叫作集合。

也就是说，给定的集合，它的元素必须是确定的。我们把这个知识点继续掰碎了来理解，可以得到两个信息：①一些元素组成集合；②不确定的元素不会出现在集合里。

这样逐字逐句地分析一个知识点，就是精读的具体做法。此时你或许会有疑问：书中的每一个字句都需要这样精读吗？并不是。我们只需对课本上加粗或变色的字体重点精读，其余的部分理解透彻即可。

◎复述：用自己的话把学过的知识讲出来

比如前文提到的"集合"这一概念，用自己的话可以理解并描述为："集合是数学中的基本概念，由'一堆东西'组成，这堆东西叫作'元素'。"

你看，我们并没有完全按照书中的原话来强行记忆，但一样能理解并记住知识点。

◎复习：形成闭环只需重复四步

如前文提到的关于对《中国历史》（八年级上册）的学习，具体我们应该怎样去复习呢？

首先，我们要知道整本书讲的是从鸦片战争到人民解放战争这段中国近代史的知识。接着我们来回答之前提出的问题：中国近代

史是从1840年鸦片战争开始的；中国近代发生了第二次鸦片战争、洋务运动、辛亥革命、五四运动、中国工农红军长征、抗日胜利、内战等事件。在这个过程中你可能会忘记每一历史事件具体的来龙去脉，但只需再回看教材温习一下就能回想起来了。自问自答后，我们开始精读。以"五四运动"这一节为例，巴黎和会上，中国外交失败，导致北京学生在1919年5月4日示威游行，最终中国代表拒绝在巴黎和会上签字，"五四运动"的直接目标得到了实现，这是中国人民反帝斗争的一次重大胜利，标志着中国新民主主义革命的开端。最后，再复述一遍这个知识点就行了。

SQ3R精读法在具体使用时应该注意哪些问题？

◎浏览阶段：切记不能仔细阅读，这一步强调的是读框架、读大概、粗略浏览整体内容。

◎提问阶段：这时最忌"没有问题"。我的初中数学老师在讲完题目之后通常会习惯性地问我们："大家还有没有什么问题？"如果我们回答没有问题，他通常会非常失望。因为对有多年教学经验的他来说，学生们提不出问题才是最大的问题，这意味着很多学生对当前的知识点仍处于一知半解的状态。所以，在提问阶段，我们一定要学会找到自己想深入了解的问题。

◎精读阶段：在这一步上，很多学生会犯的错是"囫囵吞枣"，具体表现为对待知识点马马虎虎，了解个大概后就认为自己全都懂了。这里最忌讳一个知识点还没完全弄懂就去学下一个知识点。遇到不懂的，我们一定要反复地、仔细地阅读，直到将其理解透彻。

◎复述阶段：关于复述，有些人喜欢死记硬背，强迫自己原封不动地把全文或某个片段背诵下来。其实更好的学习方式是在自己的理解之上、用自己的语言把知识点解释清楚，这样才更有利于将所学的知识融会贯通。

◎复习阶段：复习通常最容易被人忽略。不少人在学习中会抱有这种想法：既然我已经学会了，那我就没必要再浪费时间去重复地学了。殊不知，大脑有它独特的记忆系统，如果不对学过的知识加以复习，渐渐地知识就会被遗忘，所以及时复习非常关键。

SQ3R精读法在具体使用时需要注意的问题

Survey（浏览）	Question（提问）	Read（精读）	Recite（复述）	Review（复习）
忌仔细阅读	忌没有问题	忌囫囵吞枣	忌原文背诵	忌忽略复习

4.2 厚薄读书法：增删结合，求全求精

　　一篇文章或一本书里的内容是有限的，想要透彻理解知识，可以通过其他渠道对书本内容进行丰富、增加知识。同时，一篇文章或一本书里面都有重点知识和非重点知识，并不是所有文字都是重点。想要抓住重点，就必须学会边读边删。这里我将给你详细介绍怎样用厚薄读书法进行增删结合。

什么是厚薄读书法？

　　厚薄读书法是由著名数学家华罗庚提出的一套精简读书方法，共分两步：第一步是由薄到厚，第二步是由厚到薄。

　　第一步：由薄到厚

　　什么是由薄到厚？就是在读一本书的时候，逐字逐句看完整本书的内容，并借助工具书、参考书等其他资料仔细弄懂每一个不懂的地方。由于增加了一些其他资料的内容，书就由"薄"变"厚"了。这一步，可以从三个方向着手：是什么、为什么、怎么做。

　　为什么要如此仔细地读书呢？这是因为仔细读书时，相当于在积累知识，知识积累得越多，属于自己的东西就越多，这一过程中，书就渐渐读"厚"了。

　　第二步：由厚到薄

　　把书读"厚"是为了更好地把书读"薄"。书读"厚"之后，下一步要做的就是"加工"书中知识，从厚厚的一本书中提炼出对自己有用的东西，把书读"薄"。

这一步实际上就是取舍，删掉没用的东西，留下对自己有用的东西，深入理解知识结构，使书越读越"薄"。

厚薄读书法的实际应用

厚薄读书法运用到实际学习中并不难，为帮助你理解，接下来我用具体的学科做分析。

◎厚薄读书法在复习数学函数中的运用

如果要用厚薄读书法复习初中函数这一知识，第一步要做的就是把书读"厚"——明白初中阶段学习的函数有哪些，这些函数分别出现在哪本书上。通过翻阅发现，初中主要学习一次函数、反比例函数和二次函数，初二下学期学习一次函数，初三上学期学习二次函数。初三下学期学习反比例函数。

初中各阶段函数总结		
初二下学期	初三上学期	初三下学期
一次函数	二次函数	反比例函数

然后仔细复习每部分函数知识，比如：一次函数部分有一次函数的定义、一次函数的图像和性质、一次函数图像之间的关系、一次函数的平移问题、一次函数的解析式、一次函数与方程的关系、正比例函数和一次函数的关系等知识点。

"由薄到厚"这一步，强调吃透书中每个知识点，建立大小知识点的逻辑，全面掌握知识点之间的关系，由此把书读厚。

把书读厚后，第二步要做的就是删减知识，把书读薄。比如在学习一次函数这一内容时，我们就可以舍掉对我们用处不大的知识点，然后重点关注核心知识：先掌握概念和性质，再根据图像和解析式，用一次函数解决实际问题。

你看，删除了那些不重要的知识后，留下的知识就很精简。

◎厚薄读书法在语文阅读中的运用

以文章《荷塘月色》为例，先把文章由"薄读到厚"，可以了解到，这篇文章主要是写荷塘中美好的月色。作者通过对荷叶、荷花、微风、灌木、蝉声、蛙声等的细致描绘，从视觉、嗅觉、听觉以及景物的静态、动态等角度，写出了月下荷塘，塘上月色的声光色味，给人一种优美、柔和、明净的感觉。

再把书读薄，删除那些写景的部分，此文实际上是由荷塘月色的热闹场景联想到自己什么都没有，暗含了对现实世界的不满和对理想世界的执着。这部分才是作者想表达的主要内容，托物言志。

厚薄读书法在《荷塘月色》中的运用	
厚读	作者由于这几天心里颇不宁静，夜深人静时想去荷塘边散散步，以此来排遣内心的烦恼。文中细致描绘了荷叶、荷花、微风、灌木、蝉声、蛙声等场景，写出了荷塘月色的美丽与热闹
薄读	通过对荷塘月色的描写，表达对现实世界的不满和对理想世界的执着，托物言志

虽然删掉了那些写景的片段，但是我们在厚读过程中已经仔细了解了这部分内容。薄读记下的内容，精简又实用。

◎厚薄读书法在课外阅读中的运用

除了教材，厚薄读书法非常适用在课外阅读中。比如《漫长的告别》这本书，第一步要做的是把书由薄读厚，了解书中主人公的经历、告别的原因以及为什么是漫长的告别等。

仔细读这本书可以了解到，本书主人公马洛是一名私家侦探，他总是独来独往，有一天认识了优雅的酒鬼特里，两人很快成为朋友。特里的妻子西尔维娅是亿万富翁的女儿，不过西尔维娅和特里的感情并不好。有一天特里突然出现在马洛家声称自己遇到了大麻烦：他的妻子被人杀害，他被误认为是凶手。特里要马洛帮自己逃走，马洛因为帮他，被警察抓走。哪怕被警察暴力审问，马洛也一丁点没吐露有关特里的消息。直到有一天，警察告诉马洛这个案子结案了，特里在自己的旅馆房间里写好一份供状后开枪自杀了，马洛可以走了。但是马洛并不相信凶手是特里，他想还朋友一个清白，帮他洗去罪名。

这时，马洛又接到另外一个案子，一个叫艾琳的女士要找自己失踪的丈夫韦德。马洛根据艾琳提供的线索很快就找到了韦德。这个过程中，韦德告诉马洛，他和西尔维娅是情人，马洛也了解到艾琳根本不爱自己的丈夫，她爱自己的初恋情人。一天晚上，韦德中枪身亡，警察判定为自杀。敏锐的马洛不相信韦德是自杀，于是再次来到韦德家，却意外找到艾琳和初恋情人的照片，艾琳的初恋情人竟然是特里。

于是所有真相露出水面，特里和艾琳结婚没多久就上了战场，后来被敌人俘虏，艾琳以为特里死了，于是嫁给了韦德。有一天两个人再次相遇，不过特里为了钱已经和富翁的女儿西尔维娅结婚。艾琳想到自己的初恋情人和丈夫都被西尔维娅抢走，一怒之下枪杀了西尔维娅和韦德，然后自己服毒自杀。

马洛知道真相后把真相公布在报纸上，终于还了特里一个清白。这时一位陌生人找到马洛，声称自己目睹了特里自杀的全过程，但是马洛很快就辨认出眼前这个人就是整容后的特里。他发现自己并不了解特里，特里狡猾冷漠，不阻止命案发生，于是他离开了特里，真正告别了老朋友。

看似复杂的故事，删掉这两个案件，把书读薄，可以得到这样的信息：私家侦探马洛为搞清真相，还好朋友特里一个清白，连破两起命案。最后却发现特里并不正直，和自己不是同道中人，于是选择和他告别。

运用厚薄读书法读书既能明确地知道这本书讲的是什么，又能体会到它的主旨。

厚薄读书法在实际使用时的注意事项

◎把书读厚时，不能跳过难点

厚薄读书法要求我们在把书读厚时仔细全方位地阅读，不能遗漏每一个部分，勤于思考，特别是在遇到难点时更不能跳过。如果在"由薄到厚"阶段逃过难点，那么跳过的这部分知识很有可能就是读"薄"之后的重点知识。

其实，这一步就像"SQ3R精读法"的精读部分，我们在精读时，遇到难懂的地方也会反复阅读，直到一点一点地把知识点消化为止。

◎把书读薄时，用自己的方式

把书读薄是用自己的思维方式去理解知识，强调跳出书中知识，从高处看整体，把知识条理化。

在很多教辅书中，每章节后面也会有框架总结，注意在用"厚薄读书法"学习时，这部分内容不能直接使用。因为这里的"薄"要自己总结，如果仅仅生搬硬套别人归纳总结的知识，达不到读"薄"的目的。

4.3 归类记忆法：不同归类逻辑，
减轻记忆负担

虽然万事万物都有自己的逻辑，但仔细观察不难发现，很多逻辑之间都是相通的，它们都是一类事物。学习也是一样，我们可以把知识进行归类后再记忆，这里就可以运用归类记忆法。

什么是归类记忆法？

所谓归类记忆法，就是把记忆内容按某种共同规律进行归类，以此帮助我们提高记忆力，从而在短时间内记住大量内容。

◎共性归类，精简逻辑

在运用归类记忆法进行归类时，都会按照统一的标准或逻辑来归类，比如：在记历史知识时，按照同一事件发生的不同时间和不同时间发生的同类事件，进行归类的内容是不一样的。在英语记忆中，按照同义词和反义词来归类，与按照形近词和同音词来归类也是不一样的。地理学习中，按照同样的经度不同的纬度和不同的经度同样的纬度进行归类，得到的内容也不一样。

不管按照什么方式进行归类，只要出现在同一类别里，那么这两个知识点之间就有关联，就是同一个逻辑。我们在记忆时，优先记忆大的逻辑，再记忆下面的具体小知识点，会更精简。

◎相同标准，方便记忆

虽然归类记忆法是帮助我们记忆的方法，但是它还有另外一个功能：按同一个标准，归类整理知识。在归类过程中，那些繁杂的知识自动形成一个体系，就算其中某个小知识点被你遗忘，大脑也有既定的框架让你知道它属于哪个类别。

比如：用归类记忆法记忆政治，就算你忘记某个具体的小知识点，但是你也知道它属于哪个大类。在这种情况下，用自己的话答题也能得到分数，因为你的逻辑是正确的。

◎知识分区，要点限制

当我们确定了按什么逻辑把知识归类时，下一步要做的就是按照这个逻辑分别往里面填充内容，当然，也不是有多少内容就填充多少内容。比如，我们要按照同义词进行单词归类，如果总共有14个同义词，那么我们可以这些单词分成两组。归类记忆法对每组容纳的知识有限制，最多只容纳七个知识点。

归类记忆法的实际应用

归类的逻辑有很多种，不同的学科也有不同的归类方式，下面我为你详细讲解归类记忆法在具体学科中的运用。

◎归类记忆法在英语中的运用

英语学习很重要的一部分是词汇量的积累，用归类记忆法进行单词或句子的记忆，主要有六种逻辑，分别是：按话题归类、按同音词归类、按反义词归类、按同义词归类、按相同的词缀归类、按运用在作文开头的模板句归类。

①按话题归类

指的就是针对某个话题相关的一些单词，比如关于"地震"这部分内容的相关词汇可以一块记忆：

right away（立刻马上）

burst（爆发）

ruin（废墟）

injure（损害）

shock（震动）

dig out（掘出）

rescue（援救）

②按同音词归类

同音词也就是发音相同的词，比如初中的词汇我们可以这样记忆：

see（看见）——sea（大海）

dear（亲爱的）——deer（鹿）

flower（花）——flour（面粉）

tail（尾巴）——tale（故事）

weather（天气）——whether（是否）

where（在哪里）——wear（穿戴）

route（路线）——root（根）

③按反义词归类

反义词就是意思相反的词，比如：

> open（打开）—close（关闭）
>
> remember（记得）—forget（忘记）
>
> take（带走）—bring（带来）
>
> praise（表扬）—criticize（批评）
>
> reward（奖励）—punish（惩罚）
>
> freeze（冰冻）—melt（融化）
>
> speed up（加速）—slow down（减速）

④按同义词归类

同义词的意思就是，不同的词汇表示同一个意思，比如表示人的"能力，才能"的英语名词有：ability；capability；genius；talent。

⑤按相同的词缀归类

词缀相同的单词，比如针对"-ight"这一词缀，可以记忆这些单词：night、height、eight；针对"-ther"这一词缀，可以记忆这些单词：father、mother、brother、either。

⑥按用在作文开头的模板句来归类

万能模板句就是写作文时可以直接套用的那些句子，比如写在作文开头就可以用这些句子：

> As far as ...is concerned（就……而言）
>
> As the proverb says（正如谚语所说）
>
> There's no denying the fact that...（毫无疑问，无可否认）

In spite of the fact that...（尽管事实上……）

In view of the present station...（鉴于目前形势）

In this respect, we may as well（say）...（从这个角度上我们可以说）

用归类记忆法记英语单词或句子的归类逻辑					
按话题归类	按同音词归类	按反义词归类	按同义词归类	按相同的词缀归类	按用在作文开头的模板句来归类

把单词或句子按不同的逻辑归类，用归类记忆法进行记忆，会更有条理。

◎归类记忆法在历史中的运用

不同的学科适用的归类逻辑不一样，历史这一学科看重时间和特别有影响力的重大事件，就可以按时间线、标志性历史事件、"某某之最"、历史事件的性质这样的逻辑进行归类。

①按时间线来归类

历史学习中，时间节点非常重要，我们可以按照时间线的逻辑来归类，以人教版八年级上册《中国历史》第一单元第一课为例，可以归成以下大事件：

1839年，林则徐虎门销烟。

1840—1842年，鸦片战争。

1841年5月，广州三元里人民痛击英国侵略者。

1842年,《中英南京条约》签订,鸦片战争结束。

1843年,英国又强迫清政府签订《虎门条约》。

1844年,中美《望厦条约》中法《黄埔条约》签订。

②按标志性历史事件来归类

除了按时间线来归类,按照标志性历史事件来归类也很常见。比如人教版八年级下册《中国历史》中的标志性历史事件,我们就可以这样记忆:

1949年10月1日,开国大典,标志着中华人民共和国成立。

1950年,《中华人民共和国土地改革法》的颁布标志着土地改革开始。

1952年底,除部分民族地区外,全国大陆基本上完成了土地改革,标志着彻底摧毁了我国存在2000多年的封建土地制度,消灭了地主阶级,农民成为土地的主人。

1953年,抗美援朝取得伟大的胜利,抵御了帝国主义侵略扩张,是中华民族走向伟大复兴的重要里程碑。

1954年,《中华人民共和国宪法》标志着我国拥有第一部社会主义类型的宪法。

1956年底,三大改造基本完成,标志着我国进入社会主义初级阶段。

……

③按"某某之最"来归类

按照"某某之最"进行归类的意思就是,那些最大、最早、第一个、最先进等之类的历史事件,比如初中历史中:

世界上现存最大的青铜器：商朝司（后）母戊鼎

世界上最早的兵书：孙武的《孙子兵法》

世界上最早的麻醉药剂：东汉华佗发明的"麻沸散"

古代世界最长的运河：隋朝大运河

世界上最早的考试制度：隋朝创立的科举制度

唐朝时期世界上最大的城市：唐朝长安城

世界上最早的纸币：北宋前期，四川地区出现的"交子"

④按历史事件的性质来归类

历史上有很多不同性质的事件，我们也可以按这些事件的性质来归类记忆，还是拿初中历史来举例：

太平天国运动的性质：一场伟大的反封建反侵略的农民运动

义和团运动的性质：一场以农民为主体的中国人民反帝爱国运动

洋务运动的性质：一次失败的封建统治者的自救运动

戊戌变法的性质：一场自上而下的资产阶级性质的改良运动

辛亥革命的性质：中国近代史上一次伟大的反帝反封建的资产阶级民主革命

新文化运动的性质：我国历史上一次空前的思想大解放运动

"五四运动"的性质：一次彻底的反对帝国主义和封建主义的爱国运动

用归类记忆法记忆历史的归类逻辑			
按时间线归类	按标志性历史事件归类	按"某某之最"归类	按历史事件的性质归类

◎归类记忆法在语文中的运用

语文学习看重知识以小汇大，就好比"不积跬步，无以至千里；不积小流，无以成江海。"因此各方面的知识都需要记忆，用归类记忆法来记忆并不难。可以按照作文优美句子、描写某类景色的古诗、答题模板等归类方法。

①按作文优美句子归类

这种归类逻辑主要是为了提升作文的文采，它注重长期的积累，可以准备一个单独的笔记本来容纳这部分知识。在平常阅读中看到优美的句子就归类到这个笔记本里面，时不时翻阅笔记本，进行记忆，好运用到作文中。这里我列举一些：

·愿你的生命中有够多的云翳，来造成一个美丽的黄昏。

·也许，你站不成巍峨的高山，但你依然可以挺立成一棵青松或一枝秀竹，为生命添一分绿意，增一道风景；也许，你升不成光芒万丈的太阳，但你依然可以升成一轮皎洁的月亮或一颗微弱的星辰，为大地添一分光明，增一分热量；也许，你装扮不成雍容华贵的牡丹，但你依然可以长成一朵野花或一棵小草，为人类添一缕芳香，增一分活力。

·小溪是勇敢的，它不畏高山峻岭的阻隔，不畏脚下道路的崎岖，勇往直前；大树是坚强的，它不畏狂风暴雨的打击，不畏严寒酷暑的煎熬，昂首屹立；灯塔是无畏的，它不怕无边黑暗的包围，不怕长年累月的孤独，永放光芒。

·生活如花，姹紫嫣红；生活如歌，美妙动听；生活如酒，芳香清醇；生活如诗，意境深远，绚丽多彩。

·月亮像饱经风霜的老人，不紧不慢地梳理着白花花的月光。

·愿你在被打击时，记起你的珍贵，抵抗恶意；愿你在迷茫时，坚信你的珍贵。

运用优美句子进行归类时，可以再做细分，比如：写景类的句子、励志类的句子、用在结尾时的句子、举例子的句子等。

②按描写某类景色的古诗归类

除了作文，古诗也是语文中很重要的一部分，在古诗中运用归类记忆法记忆，可以把不同的诗句集中到一个大类。比如描写冬天的诗句，就可以把这些诗句归类到一起进行记忆：

忽如一夜春风来，千树万树梨花开。——岑参《白雪歌送武判官归京》

孤舟蓑笠翁，独钓寒江雪。——柳宗元《江雪》

明月照积雪，朔风劲且哀。——谢灵运《岁暮》

千里黄云白日曛，北风吹雁雪纷纷。——高适《别董大》

欲渡黄河冰塞川，将登太行雪满山。——李白《行路难》

③按答题模板进行归类

虽然是语文学习，但也需要考试，我们可以按照对应的答题模板，进行归类，比如按诗歌类答题模板进行归类。

意境类：描绘画面（忠于原诗，语言优美）+概括氛围

+分析思想感情

手法类：揭示手法＋结合诗句分析（怎样用）＋思想感情＋作用效果

语言特色类：揭示语言特色＋结合诗句具体分析＋思想感情＋作用效果

炼字类：该字在句中的含义＋技巧（活用、倒装、手法）＋放入句中描述景象＋意境感情（作用效果）

关键词类：主旨作用＋结构作用

概括主旨类：诗歌定位＋各句内容＋通过××手法＋抒发××感情＋评价

诗歌含义：表层含义＋深层含义

答题模板有很多种类型，除了诗歌类的答题模板，还有现代文答题模板、修辞手法的作用答题模板、说明顺序答题模板、句子含义分析答题模板等，但都可以按照答题模板这一逻辑进行归类。

用归类记忆法记忆语文的归类逻辑		
按作文优美句子归类	按描写某类景色的古诗归类	按答题模板进行归类

归类记忆法在实际使用时的注意事项

◎归类要有统一的标准和依据

虽然按照归类记忆法来记忆知识，逻辑非常精简，也很方便我们记忆，但是需要注意的是，在进行知识归类的时候一定要按照统一的标准和依据来归类。

按照同一个逻辑归类的知识点里切忌出现与此逻辑不相干的知识，以免造成知识混淆，正确归类是使用归类记忆法的前提。

◎ 按实际情况运用不同逻辑

除了前面举例提到的归类逻辑，在我们实际学习中，你或许还会发现其他的知识归类逻辑，其实，你发现的这些归类方法也没有错。

不同的学科可能会有很多种归类逻辑，我们只需要根据实际需要进行选择。

◎ 不要弄错主次

归类记忆法的终极目的是方便我们更好更快地记忆知识，而不是如何把知识归类，注意不要弄错了主次。

4.4 三点记忆法：稳抓三点，强化记忆

"复习是学习之母，记忆是才智之舟。"除了用归类记忆法进行记忆外，还可以通过笔记来记忆，三点记忆法就是这样的方法。

什么是三点记忆法？

三点记忆法是由日本"考霸"——确井孝介根据自己的学习及考试经历总结的一套超实用的笔记记忆方法，即将需要记忆的内容、原因、线索组合成一个三角形框架进行记忆，共有三步：聚焦要点；串联、整合相关信息；形成三角形框架。

第一步：聚焦要点

什么是聚焦要点？就是明白该记什么内容。把要记的内容和不用记的内容区分开来，把精力聚焦在要记忆的知识点上，这里提供两种方法。

◎简化内容

简化内容的意思是，在我们做笔记的时候，尽量简化要记忆的信息，把这些信息压缩到最简，越简单越好。

比如，我们在记忆地理—秦岭淮河线时，书中对它的定义如下：

秦岭—淮河一线，是中国地理中的一个重要地理概念，由著名地理学家张相文提出。秦岭西起甘肃省临潭县北部的白石山，以迭山与昆仑山脉分界，向东经天水南部的麦积山进入陕

西，再经陕西南部到湖北、河南西部。淮河发源于河南省桐柏山，东流经河南、安徽、江苏。秦岭—淮河一线是中国地理区分北方地区和南方地区的地理分界线，它就像一堵"挡风墙"阻止冬季冷空气南下，拦截夏季东南季风的北上。

那么我们就可以把内容简化为：

秦岭—淮河一线是南北分界线，也是亚热带季风气候和温带季风气候的分界线。

◎找出要点

除了简化内容，学会找出要点是另外一种可行的方法。比如上面提到的秦岭—淮河一线这一知识的要点，就可以归纳为：

①由张相文提出
②西起甘肃，东到江苏
③南北分界线
④亚热带季风气候和温带季风气候的分界线

找出的要点最好用数字进行排序，分清层次，一条一条罗列出来。

如何聚焦要点	
简化内容	找出要点

第二步：串联、整合相关信息

三点记忆法的第二步就是，根据聚焦要点得到的内容，串联、整合相关信息，把信息"分级"，整合出重点。那么，如何"分级"信息呢？

最简单的方法是看"三本书中两本都有的知识"，这部分内容是重点，一定要记。其中，"三本书"分别指的是：教材、教辅书和练习册。

除此之外，还可以通过联想、押真题的方式，串联、整合相关信息。联想可以通过自己记录的笔记，把各种能想到的问题串联在一起，展开整合信息的工作。押真题，就是通过反复做历年真题，总结各个题目出现的概率，然后自己押出即将出现的考题。

如何串联、整合相关信息		
信息"分级"	联想	押真题

第三步：形成三角形框架

三点记忆法的最后一步是，把上面得到的这些信息，进行图像化处理，创建"记忆链"，从而形成三角形框架，辅助记忆。

用三角形框架进行记忆的第一个方式是：图像。把要记忆的内容、原因、线索组成一个三角式的图像，进行记忆。

第二个方式是：图表。按照题眼、方法、例子这三点形成三角记忆链。题眼指的是关键词或结论；方法指这个关键词或结论需要用到的解题方法；例子是具体的题目。

如何形成三角形框架	
内容、原因、线索组成三角形图像，形成三角形框架	题眼、方法、例子组成三角记忆链，形成三角形框架

三点记忆法在实际学习中该怎样运用？

为帮助你更好地理解三点记忆法，接下来我用具体的学科来具体举例。

◎三点记忆法运用在历史学习中

拿商鞅变法的内容来举例，第一步要做的是聚焦要点，我们先找出要点，再简化内容。

> 废除贵族的井田制，开阡陌封疆。承认土地私有，允许自由买卖，从法律上维护了封建土地私有制，有利于地主经济的发展。
>
> 奖励耕织，重农抑商。奖励一家一户的男耕女织的农业生产，凡是努力耕织生产粮食布帛多的，免去其本身的徭役。
>
> 统一度量衡，保证国家的赋税收入。
>
> 奖励军功，按照军功大小授予不同的爵位和田宅，贵族凡是没有立军功的就没有爵位，不能享受特权。
>
> 建立县制，由国君直接派官吏治理。

得到这些要点之后，我们再把内容简化为：

> 商鞅变法的主要内容是：废除井田制；奖励耕战；确立县制；统一度量衡。

第二步就是把这些信息串联、整合起来。根据信息分级的做法，我们已得到重要信息：废井田、开阡陌、实行县制。

最后一步是形成三角形框架，这里我们运用图像法。要记忆的内容就是废井田、开阡陌、实行县制。原因是为了增强秦国国力。线索归纳为三个动词：废、开、行。

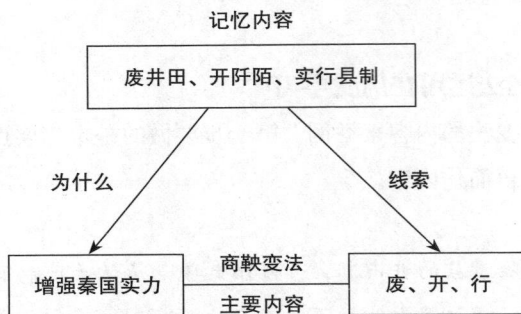

记忆内容

废井田、开阡陌、实行县制

为什么　　　　　　　　　　　　线索

增强秦国实力　|　商鞅变法　|　废、开、行

　　　　　　　主要内容

◎三点记忆法运用在数学学习中

数学这一学科主要记忆结论和公式，可以直接套用三点记忆法的最后一步。比如函数的对称性这一知识，我们直接用题眼、方法、例子组成图表，形成三角形框架。

题眼：$f(x-a)+f(b-x)=2c$；$f(x-a)=f(b-x)$

方法：中点坐标公式

例子：$f(-x)=2-f(x)$

◎三点记忆法运用在语文学习中

以背诵朱自清的现代文《春》来举例，首先我们把聚焦的要点整理出来，会发现第一段主要写盼望春天的到来；第二到第七段主要描写春天的景色，比如春草图、春花图、春风图、春雨图、迎春图；第八到第十段主要是在赞美春天。

那么整合信息就可以知道全文主要分为"盼春、绘春、颂春"三个部分。盼春的线索为"东风来了，春天的脚步近了。"绘春部分的线索是人们欢迎春天这一场景以及描写大自然里的春草、春花、春风、春雨。颂春部分的线索是春天像从头到脚都是新的娃娃、花枝招展的小姑娘、健壮的青年。于是我们得到这样的三角记忆框架：

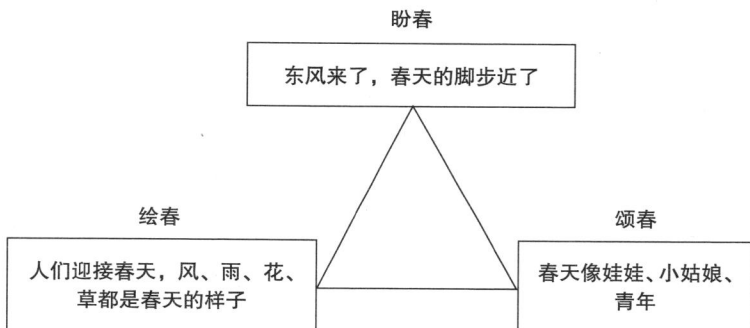

盼春

东风来了，春天的脚步近了

绘春

人们迎接春天，风、雨、花、草都是春天的样子

颂春

春天像娃娃、小姑娘、青年

语文现代文比较长，部分文章全篇都需要我们记忆，针对这部分内容，在聚焦要点这一步就要捋清思路，明白每部分的写作逻辑，以便在线索这一步提取最关键的信息。

三点记忆法在实际使用时的注意事项

◎最终的三角框架尽量用图像的方式表现

三点记忆法最主要的就是三角形那三点，所以最好用图像的方式表达每点知识。这样，每次提到三点记忆法时，大脑就会自动形成三角形的知识框架，进而强化记忆。

◎简化的知识内容一定是重点知识

在串联和整合知识时虽然强调内容要简化，但需要特别注意的是，简化的内容一定是重点知识。那些不是重点的知识就算简化后用处也不大，适用不了我们的考试和习题，反而浪费了我们的精力。

4.5 表格学习法：转化抽象思维，克服畏难情绪

虽然我们都知道逆流而上，才能找到水的源头，只有不怕困难，勇往直前，才会柳暗花明，但遇到困难会退缩是人的天性。有一个学生在学习数学数论这一内容时感到特别吃力，但后来他一步步从基础开始理解，慢慢掌握了方法，逐渐攻克了这一难题。所以当遇到困难时，要学会克服畏难情绪，表格学习法就是很有用的克服畏难情绪的方法。

什么是表格学习法？

表格学习法就是借助表格来梳理信息，把复杂抽象的知识具体化，以此提高我们的做题速度和正确率，是一种小众且新颖的学习方法。

◎绘制表格，梳理信息

绘制的每个表格可能都不一样，但是涉及基本概念的表格万变不离其宗，都是把概念、信息、原理、影响等固定的知识作为表格模板，形成一个框架，再往里面填充具体内容。这样做的好处是在填充内容时，就对知识进行了梳理。

◎抽象化为具体，帮助理解知识

表格学习法除了适用于概念类信息的梳理，还适合于抽象类的

知识，因为我们平时习惯用文字来表达知识，没有表格这一概念，不懂表格的便捷。若把某些知识或题干用表格来梳理，会更直观清晰。

表格学习法在实际学习中该怎样运用？

在理科类学习中，表格学习法可以迅速让你对题目有清晰的认知，在文科类学习中，表格学习法可以让你短时间内抓住主要信息，接下来我为你具体讲解：

◎表格学习法运用在地理中

地理虽然偏向文科，但也有很多抽象的概念，比如太阳视运动、时区和日界线这类知识。这时运用表格学习法，可以打破空间对思维的限制，方便理解。

先来看太阳视运动，要透彻理解，必须掌握它的变化规律，我们把变化规律的几要素先列一个表格：

太阳直射点的位置	全球（除极昼）日出方位	全球（除极昼）上午方位	全球（除极昼）正午方位	全球（除极昼）下午方位	全球（除极昼）日落方位
赤道					
北半球					
南半球					
备注：					

这个表是知识框架模板表，画出这个表格后，接下来只需要把具体内容填充进去：

太阳直射点的位置	全球（除极昼）日出方位	全球（除极昼）上午方位	全球（除极昼）正午方位	全球（除极昼）下午方位	全球（除极昼）日落方位
赤道	正东	东西方向为东，南北方向需要比较直射点和所求点的南北位置关系	需要比较直射点和所求点的南北位置关系	东西方向为西，南北方向需要比较直射点和所求点的南北位置关系	正西
北半球	东北				西北
南半球	东南				西南
备注：北极地区出现极昼，则有极昼地区的日出方位为正北，日落方位也为正北；南极地区出现极昼，则有极昼地区的日出方位为正南，日落方位也为正南					

帮助我们理解概念类的知识是表格学习法在地理学习中的第一种运用，除此之外，它还可以帮助我们轻松计算时区。

区时计算就是在这个表格的基础上，按顺序数格推算，运用"东加西减"的规律，进行计算，把复杂抽象的知识精简成一个表格，使之通俗易懂。这是表格学习法运用在地理学中的第二种方法。

地球自转方向 →

| 180° | 150° | 120° | 90° | 60° | 30° | 0° | 30° | 60° | 90° | 120° | 150° | 180° |

西十一区
东西十二区　日界线
东十一区
东十区
东九区
东八区
东七区
东六区　下午6时
东五区
东四区
东三区
东二区
东一区
中时区　本初子午线　正午12点
西一区
西二区
西三区
西四区
西五区
西六区　上午6时
西七区
西八区
西九区
西十区
西十一区
东西十二区　日界线　子夜12时
东十一区

子夜12时

从西十二区向西越过日界线到东十二区日期要加上一天

从东十二区向东越过日界线到西十二区日期要减去一天

◎表格学习法运用在数学中

数学学习数据多、概念杂，表格学习法就可以帮助我们整理概念、审清题意。比如分式方程的应用这一章节，我们先来看这样一个题目：

> 某工程队承建一所希望学校，在施工过程中，由于改进了工作方法，工作效率提高了20％，因此比原定工期提前一个月完成。这个工程队原计划用几个月的时间建成这所希望学校？

面对这样的题目，我们就可以设原计划用 x 个月的时间建成这所希望学校，然后把改进前后的工作效率、工作时间、工作量都放在一张表格里面，就得到这样一张表格：

	工作效率	工作时间	工作量
原计划		x	1
改进后		x-1	1

根据题中已知条件把表格填好后，只剩下"工作效率"这一栏信息没填，这就是第三个变量，就可以从这第三个变量上找等量关系。由"工作效率提高20％"得出：

原计划的工作效率（1+20％）＝改进后的工作效率

由表格中所填工作量、工作时间分别将原计划和改进后的工作效率表示出来得：

原计划工作效率：$\dfrac{1}{x}$

改进后工作效率：$\dfrac{1}{x-1}$

根据题意，得：

$\dfrac{1}{x}(1+20\%)=\dfrac{1}{x-1}$

解之 $x=6$

经检验 $x=6$ 是原分式方程的根

答：工程队原计划用 6 个月的时间建成这所希望学校。

　　这就是一个完整的用表格学习法解数学题的过程，在使用时把各种变量整理到表格中，方便分析条件，审清题意。

　　除了解具体的题目，表格分析法还适用于概念类的学习，比如在学习推理与证明这一内容时，我们先构建知识框架：

推理与证明	推理			
	数学证明			
	数学归纳法			

　　得到这个框架以后，我们再往里面填充具体知识，于是得到这样一张表格：

推理与证明	推理	合情推理	归纳推理	由部分具有某种特征推断整体具有某种特征的推理
			类比推理	由一类对象具有的特征推断与之相似对象的某种特征的推理
		演绎推理		根据一般性的真命题（或逻辑规则）导出特殊性命题为真的推理
	数学证明	直接证明	综合法	由已知导向结论的证明方法
			分析法	由结论反推已知的证明方法
		间接证明		主要是反证法，反设结论、导出矛盾的证明方法
	数学归纳法			数学归纳法是以自然数的归纳公理作为它的理论基础，因此，数学归纳法的适用范围仅限于与自然数有关的命题。分两步：首先证明，当n取第一个值n_0（例如n_0=1）时结论正确；然后假设当n=k（k∈N且k≥n_0）时结论正确，证明当n=k+1时，结论也正确

◎表格学习法运用在历史中

历史学习中各种历史事件很多，很容易记混淆，我们就可以通过表格学习法把历史事件梳理到一张表上。比如在学习近代前期列强发动的侵华战争时，我们先绘制表格框架：

战争	时间	原因	经过	签订条约	影响
第一次鸦片战争					
第二次鸦片战争					
甲午中日战争					
八国联军侵华战争					

有了这个框架之后，再往里面填充内容：

战争	时间	原因	经过	签订条约	影响
第一次鸦片战争	1840—1842年	根本原因：工业革命后资本主义国家对产品市场和原料的需求越来越迫切，争夺殖民地的斗争日趋激烈。直接原因：中国禁烟运动	虎门销烟 英国出兵 民众抗击英军 虎门、广州之战 英军进逼南京	中英《南京条约》及其附件 中美《望厦条约》 中法《黄埔条约》	①社会性质变化：半殖民地半封建社会开始 ②社会主要矛盾变化 ③革命性质和革命任务变化 ④思想文化变化
第二次鸦片战争	1856—1860年	西方列强企图进一步打开中国市场	第一阶段：攻占广州，攻占天津（签订《天津条约》）第二阶段：攻占天津，攻占北京（签订《北京条约》）	《天津条约》《北京条约》	半殖民地化程度进一步加深
甲午中日战争	1894—1895年	①日本为解决资本主义发展中的矛盾，制定大陆政策；②1894年，朝鲜东学党起义	丰岛海战 平壤战役 黄海海战 辽东半岛战役 威海卫之战	《马关条约》	大片领土的割让，巨额的赔款，侵略势力深入内地，大规模的资本输出。外国侵略势力对中国侵略进入新阶段，中国半殖民地化程度大大加深
八国联军侵华战争	1900年	外国侵略者镇压正高涨的人民反帝爱国运动	遭中国军民抗击	《辛丑条约》	清政府完全成为列强统治中国的工具，中国完全陷入半殖民地半封建社会的深渊。

通过填充表格，我们会对这些重大历史事件有更深刻的印象，对这部分知识也会掌握得更牢固，这是表格学习法在历史学习中的第一个运用。除此之外，还可以用表格学习法来对比历史知识，比如旧三民主义和新三民主义的对比。

我把知识对比的模板罗列在这里，具体的内容可以自己尝试填充。

	旧三民主义	新三民主义
背景		
内容		
实践		
评价		
联系		

表格学习法在具体使用时应该注意哪些问题？

◎表格学习法有表格框架

像概念类的知识都可以用表格学习法来梳理，只需要往固定框架中填充具体内容。这时你就不用再重新绘制表格，可以直接套用模板，以此节约制表时间，提升效率。

◎小众但实用，常用常新

表格学习法虽然很小众，但在众多极简学习法里也很实用，能帮我们迅速理清逻辑关系，降低解题难度，克服畏难情绪，建议反复使用，熟能生巧。

4.6 复盘总结法：只需四个步骤，形成规律闭环

"吃一堑长一智"是我们从小就明白的道理，那么在学习中如何做到吃一堑长一智呢？我给出的答案是：使用复盘总结法来学习。

什么是复盘总结法？

复盘总结法，指的是通过回顾过去做的事，分析原因，总结规律，从而形成自己的复盘系统，达到极简学习的目的。它主要有四个步骤：回顾目标、评估结果、分析原因、总结规律。

第一步：回顾目标

什么是回顾目标？就是确立复盘总结的目标，落实到具体的知识点上，这样我们才知道要回顾的东西到底是什么、要复的"盘"长什么样，这是我们搭建复盘系统的根基。

假如你要回顾初中生物中"动物的行为"这一内容，就不能把回顾的目标笼统地设为"掌握动物的行为相关知识"，而要罗列出具体的知识。比如：背诵动物的行为分哪几个大类；分辨出动物的先天性行为和学习行为；动物的社会行为具体指哪些；等等。

除了要落实到具体的知识上，还要具体明确制订了哪些计划，具体要达到什么样的目的。总之，回顾目标这一步一定要详细具体，落到实处。

第二步：评估结果

回顾了目标之后，下一步要做的就是评估结果。最简单的方法是只设置"已完成"和"未完成"这两个标准，那些没有达成的目标是我们复盘的重点。

这一步要做到实事求是，对比实际结果和目标的差距所在，为接下来分析原因做铺垫。

第三步：分析原因

关于分析原因，最简便的方法是观察、比对差异。

还是拿上文提到的初中生物"动物的行为"这一内容举例，如果你想达成的目标是背诵动物的行为分哪几个大类，分辨动物的先天性行为和学习行为，但结果是你能很好地背诵动物的行为，却始终分辨不清动物的先天性行为和学习行为。

这时就可以从这里的差异来找具体的原因，进行进一步分析，由此我们了解到，是因为搞混淆了遗传因素在这两种行为中的作用。

反思失败的原因，找到其中的关键因素，停止做得不好的事，以免后续出现同样的问题，是这一步要达到的目的。

第四步：总结规律

上一步我们重点分析的是失败的原因，接下来要看看那些成功的原因。积累好的经验，提炼共同规律，再把这些规律运用到新的具体实践中，最终形成自己的规律闭环。

比如在背诵"动物的行为"这一内容时，你用了一页纸学习法。那么你也可以用同样的方法去分辨动物的先天性行为和学习行为，如果能明确分辨这两者，那就说明一页纸学习法是成功的关键，可以应用这种学习法到接下来的学习中。

这就是总结规律、汲取经验的具体做法，但注意要做到"复盘—行动—再复盘—再行动"。

复盘总结法在实际学习中该怎样运用？

了解了复盘总结法的四个步骤后，下一步就可以把它运用到具体的学习中。复盘需要长期的坚持，周复盘就可以督促这一习惯的养成，接下来我仔细为你讲解。

比如要复盘期中考试后第一周的学习情况，首先，我们要做的是明确到底复盘哪些学习情况，例如：判断地理气候类型的三种方法分别是什么？英语作文中该如何写承上启下句？数学相反数和倒数有什么区别？整理归纳历史中三次工业革命的知识。

明确了复盘内容之后，接下来就要按照复盘的每一步进行复盘。先来做第一步：回顾目标。制作一个表格，把任务和完成情况，分别写出来：

回顾目标	
任务	**完成情况**
判断地理气候类型的三种方法	1.能根据某地特定的自然地理特征、地理位置，以及气候形成原因，来判断气候类型 2.但不能根据某地气温和降水资料来判断气候类型
整理英语作文中各种类型的承上启下句	1.能总结出承上启下句的四种类型 2.但其中表示总结和转折关系的承上启下句不能运用到实际作文中去
区分数学相反数和倒数	能成功区分
整理归纳历史中三次工业革命的知识	1.能整理出三次工业革命的主要内容 2.但不能记忆每次工业革命的特点和主要标志

写完之后下一步就是根据完成情况评估结果。

评估结果		
任务	**亮点**	**不足**
判断地理气候类型的三种方法	用表格学习法迅速、准确地匹配地理位置、气候形成原因与各气候类型	气温和年降水量知识理解不了
整理英语作文中各种类型的承上启下句	能清楚分类每种承上启下句	不能灵活运用每种类型的承上启下句到作文中
区分数学相反数和倒数	理解透彻知识，相关习题也能百分百答对	/
整理归纳历史中三次工业革命的知识	三次工业革命的时间、理论基础及其主要发明能分辨，并在习题中迅速选择出来	针对三次工业革命特点记忆非常模糊

评估完结果，下一步要做的是在亮点和不足的差异中总结规律，分析原因。

先来分析地理学习情况：为什么掌握不了气温和降水量的知识？从自己的学习习惯中可以了解到是因为没有像地理位置和区域自然特征，把知识用表格学习法梳理出来。这时表格学习法就是我们成功的关键。

再来分析英语学习情况：能清楚分类每种承上启下句是因为有一个专门的笔记本来记录作文的固定句式，在老师评讲作文时，每遇到一个承上启下句就把它归纳到对应的类别里，边学边归纳。但不能灵活运用各种承上启下句到作文中，经分析得知，这是因为虽然进行了归纳，但归纳后就不管不顾，不去温习，那么这个只归纳不温习的行为就会导致不能灵活运用知识。

数学能很好地区分相反数和倒数的知识点，并在实际答题中百分百答对，是因为在课前进行了预习，并在上课时集中精力听预习没懂的部分。那么这个好习惯就可以继续保持下去。

最后再来分析历史知识：能迅速整理出三次工业革命的知识是因为每次学习完工业革命后，老师会要求整理相关知识，这样只需要简单汇总便能得到三次工业革命的全部知识。记不住工业革命的特点是因为这部分知识老师没要求整理，自己也没有整理。那么及时整理知识就是关键点。

分析原因	
任务	**关键点**
判断地理气候类型的三种方法	用表格学习法梳理出相关知识
整理英语作文中各种类型的承上启下句	专门的笔记本记录、积累相关句式；边学边归纳，归纳后注重温习
区分数学相反数和倒数	课前预习，上课集中精力听预习没懂的部分
整理归纳历史中三次工业革命的知识	及时整理

用表格分析完原因后，其实能一眼看出规律，这时需要做的是抛弃那些不好的习惯，沿袭好的习惯。做完上面的三步后，针对复盘内容就能轻松总结出规律了。期中考试后我们可以分析一下自己的学习情况。

需要保持的学习习惯是：

用表格学习法梳理知识，及时整理；

积累某种英语句式，边学边归纳，归纳后注重温习；

课前预习，上课集中精力听预习没懂的部分。

需要抛弃的学习习惯是：

不及时整理知识；

只埋头做题，不总结回顾。

你看，按照复盘总结法的四步进行复盘，一下子就能看出做得好的地方有什么共同规律，然后直接就能把这些规律应用到接下来的学习中。

复盘总结法在具体使用时应该注意哪些问题？

◎复盘不是复习，但要结合在一起

复盘和复习不一样，复习只是复盘的一小部分，复盘则是一种学习方法，注意不要把两者搞混淆。但在具体实践中，需要把这两者结合起来，不能分割。比如：上面提到的复盘期中考试后第一周的学习情况，归纳后注重及时温习，这里说的温习实际上就是要及时复习。

◎养成良好心态，坚持复盘

用复盘总结法来学习比较重要的一点是坚持复盘，不能因为复盘结果不理想就不复盘，复盘的重点是找原因，而不是看结果。拒绝因"感觉自己努力了，但看不到成果"而焦虑，复盘的目的是总结规律，形成更好的学习闭环。

◎复盘完后不要还是用旧习惯学习

复盘完后需要特别注意那些不好的习惯，很多学生复盘总结出关键点之后，不把这些好的经验应用到接下来的学习中，还是坚持原来的旧习惯，并不能帮助自己进步，这一点需要特别注意。

第五章

多元输出，灵活运用每个知识

　　学习不能仅靠输入知识，同等的输出也很重要。一旦缺少输出，就等于只完成了一半的学习，没有形成闭环，极简学习法也体现不出它的效果。

　　本章将为你讲解六种多元化输出的方法，告诉你怎样从结果中学习、如何在提问和错误中学习，还会用四个步骤教你开展深入的学习，从构建框架来检索自己想要的知识，到评估自己的学习现状。

　　灵活运用这六种方法，才能更好的输出，不落人后。

5.1 费曼学习法：输出倒逼输入，深入理解知识

很多学生只是埋头学习，从来不愿意大声讲出自己所学到的知识。甚至有学生会有"如果我给同学讲懂了这个知识，那么他就会多得到这个知识点的分数，如果我们学习成绩差不多，那么他就会超过我"这样的心态。其实，这样的想法大错特错，你在给同学讲一个知识的时候，也相当于在温习这个知识。如果同学能听懂你的讲解，那么你对这个知识可以说十拿九稳。

学会把学到的知识讲给别人听的这种方法被称作费曼学习法。

什么是费曼学习法？

费曼学习法是由1965年诺贝尔物理学奖得主理查德·费曼提出的一套深入学习的方法，简而言之就是把学到的知识讲给别人听。主要分四个步骤：理解知识、讲解知识、纠正错误、重新梳理。

第一步：理解知识

理解知识的目的是明确接下来你要讲的知识是什么、要学的内容有哪些，只有在理解了知识的基础上，才能有后续讲解这一步。

在理解知识阶段，可以拿出一张A4纸，把要理解的知识全部写上去。然后可以用思维导图、发散思维、问题衔接问题的方式来理解知识。

理解知识的三种方法		
思维导图	**发散思维**	**问题衔接问题**
把所学的知识点用思维导图再次归纳，画思维树，用图像的方式增强记忆	运用头脑风暴法，想到一个知识的时候，用"是什么、为什么、怎么办"的思路多联想一下有关知识的其他内容	一步一步剖析不懂的知识点，找出真正不理解的地方在哪里

第二步：讲解知识

自己理解了知识后，下一步要做的是把知识"讲"出来，因为费曼学习法强调用输出倒逼输入，而"讲出来"就是一种输出。它主要有三种方式：讲给别人听、讲给自己听、把知识点写出来。

这里的"讲"不一定要开口，"讲"的目的是进行知识输出，以便更好地理解知识，这也是费曼学习法最关键的一步。

讲解知识的三种方式		
讲给别人听	讲给自己听	写出知识点

第三步：纠正错误

无论采取什么样的方式来讲解知识，肯定都有讲错或者不全面的地方，这时就要找出这些地方，进行纠错。除了讲错的地方，还要注意那些别人没听懂的地方，做这一步是为了巩固知识、查漏补缺，加深自己对知识的印象。

第四步：重新梳理

纠正完错误后，最后一步需要做的是重新梳理知识，把那些讲解错误、没讲解到或讲不明白的知识重新梳理，再次简化。比如：在为别人讲解元谋人这一知识点时，你发现自己漏掉了元谋人生活的时代而且没讲解清楚元谋人的衣食住行，那么在重新梳理知识时，就需要着重梳理这两部分内容。

费曼学习法如何运用在学习中？

虽然知道费曼学习法很简单，但想把它运用在实际学习中却不是那么容易。接下来我一步步教你掌握这种学习方法。

◎用费曼学习法学物理知识

很多学生对中学阶段的物理知识都是机械记忆，很多内容都不能完全理解、消化，这时可以用费曼学习法来弥补这一缺陷，以"动量定理"这一内容为例。

第一步，拿出一张空白的纸，把动量定理的概念写下来。

动量定理：物体在一个过程始末的动量（即质量和速度的乘积，用字母p表示）变化量等于它在这个过程中所受力的冲量（用字母I表示，即力与力作用时间的乘积），数学表达式为$I=\Delta p$。

理解了什么是动量定理后，下一步要做的就是把相关知识讲给别人听，可以讲解定理的基本概念、公式以及定理在某个实例中的应用等。

讲解完后，第三步需要做的就是纠正错误，可以问别人有没有听懂，如果没听懂是哪部分没听懂；针对动量定理知识，还有没有想问的；或者让他给你讲一遍动量定理。注意当他给你讲的时候，你只需聆听，哪怕中途讲解错误也不能打断他，等他全部讲解完之后，再对他讲错的这部分再次讲解，这部分就是需要你纠错的地方。比如：他忽略了动量守恒定律公式的使用条件——系统不受外力作用，或所受外力的矢量和为0。

纠正完了错误，最后一步需要做的就是重新梳理这部分知识，而且尽量要简化。整理出这样的知识：动量定理的表达式 $I = \Delta p$ 是矢量式，运用它分析问题时要特别注意冲量、动量及动量变化量的方向，公式中的F是物体或系统所受的合力，动量在特殊条件下能守恒。

◎费曼学习法在数学错题集中的运用

除了运用在学习物理知识中，费曼学习法还能运用在管理数学错题集上。第一步需要做的就是找出错误，纠正错题，用不同颜色的笔在错题旁写下正确的解题过程。第二步把这些错题的正确做法讲给同学或者自己听，如果讲解过程中出现不会的地方，要回过头去再次梳理答案。

第三步需要做的是让同学（或自己）根据你的讲解，随机进行相关知识的提问。或者再出一道类似的题，让同学讲给你听。

第四步需要做的是重新梳理错题，简化内容。

这就是费曼学习法在数学错题集中的完整步骤，用为他人讲解错题的方式来内化知识，促进知识的消化和吸收。当别人再次给你讲解的时候，你不仅要听内容对不对，还要对他讲的内容进行提问，当做到这一步的时候，你已经思考了两次题目。

费曼学习法在数学错题集中运用的三个步骤

第一步：

找出错误，用不同颜色的笔写下正确解题过程

⬇

第二步：

把正确方法讲给同学听，找出不会的地方

⬇

第三步：

让同学根据你的讲解提问，或再出一道类似的题，让同学讲给你听

⬇

第四步：

重新梳理错题，简化内容

◎费曼学习法在历史中的运用

　　费曼学习法在历史中的运用，同其他科目有一点不同，那就是可以把卡片学习法融入进来。比如要学习宗法制的相关知识，第一步先在卡片上写出：宗法制的含义、特点、实质等相关知识，然后在卡片背面写出关键词。得到下面这张卡片：

　　第二步要做的是把卡片翻到背面，看着关键词分别说出宗法制的含义、特点、实质。第三步是把卡片翻回正面，对照刚才讲的内容，看是否有遗漏的地方，针对这些地方重新理解，直到能把这个概念完全讲清楚。

宗法制的含义：用父系血缘关系的亲疏来维系统治等级、巩固国家统治的制度。 特点：①嫡长子继承制 ②严格的大宗、小宗体系（大宗、小宗关系相对）③血缘关系和政治关系结合。 实质：根据血缘的亲疏，确立起一套土地、财产和政治地位的分配与继承制度。	宗法制的含义：父系血缘 关系的亲疏 特点：嫡长子继承制 大宗、小宗 实质：血缘的亲疏
正面	背面

使用费曼学习法的注意事项

◎不一定要对别人讲出来

虽然费曼学习法是用讲出来的方式深入学习知识，但是也不一定要对别人讲。如果遇到其他人没有时间，或者正在忙其他事项的时候，就可以采取自己讲给自己听的方式。

还有一种方法是在每天睡觉前，把当天学过的知识像放电影一样，在头脑中过一遍。然后记住那些你想不起来的知识点，第二天一早立马复习。

◎重新梳理后的知识一定要简化

费曼学习法的最后一步是重新梳理知识，这一步需要注意：梳理的这些知识一定要简化。因为重新梳理的这部分知识很有可能是我们没记住的知识，如果这时不简化这部分内容，很可能还是记不住。

5.2 倒推学习法：锻炼逆向思维，创新解题方法

很多人总是习惯正向思考，从而忽略倒推法的妙处。换句话说，在思考问题时有两个方向可以选择，一个是正向思考，一个是逆推。

历史上被传为佳话的司马光砸缸救落水儿童的故事，实质上就是运用了逆向思维。有人落水，常规思维是"救人离水"，而司马光由于不能通过爬进缸中救人，因而他就把思维转换成"让水离人"，于是果断地用石头把缸砸破，救了小伙伴的性命。

你看使用逆向思维同样能解决问题，学习中也是如此，我们可以使用倒推学习法。

什么是倒推学习法？

所谓倒推学习法，就是从问题的结果出发，逆向思考，从而得出解题思路，是一种很简单的分析问题的方法。

◎简化难点，拒绝固定记忆

在数学、物理、化学的学习中，有很多运算都需要代入到公式，然后一步一步推算，才能得到结果。如果公式记不住，很难把题目解出来。

遇到这种情况可以尝试用倒推学习法，依据把题目反过来计算的逻辑，将已知的东西和要求解的东西直接联系起来，化间接为直

接，简化难点。这样，就算记不住公式，也能解出答案。

◎逆向思维，省时省力

用倒推学习法可以把问题发生的顺序倒过来，这样做的好处是简捷、直观。不像用常规解题法，既费力又耗时。比如数学学科中某些综合类计算，当你要按照某种规律，累计推算出一个数时，如果用常规思维，要一次次去计算才能得到结果。但是用倒推学习法直接从结果出发，很快就能找到最初的数据，可以节省大量的时间和精力。

◎提高思考维度，增强思维灵活性

倒推学习法完全从另外一个不同的角度思考问题，经常使用这种学习方法，可以让我们顺向思维和逆向思维自如切换。养成这个习惯后，每次解题想到的解题方法都不止一种，思维会变得非常灵活。

比如语文学科里阅读材料提炼观点的习题，当你养成了运用倒推学习法思考的习惯，既可以用倒推学习法从结果出发分析材料，也可以顺着材料思考得出结论。

倒推学习法在实际学习中该怎样运用？

了解了倒推学习法那么多好处，接下来，我带你把这种方法运用到实际的学习中去。

◎倒推学习法运用在数学学习中

在数学中，有一类题目是给你多组数据，然后要求你根据题目所给条件，求出指定的数据，这时候最简便的方法就是用倒推学习法进行运算。先一起来看一个习题：

　　　　某容器装有酒精若干升，第一次倒出三分之一，接着倒进20升，第二次倒出现存酒精的一半还多27升，这时容器内还剩有酒精33升，问原有酒精多少升？

这类题目一般思路是通过设列方程来解，其实用列方程的方法来运算有些复杂，还很容易出错。可以采用倒推学习法，从最后剩余的酒精量逐步推出原有的酒量。

　　　　第一步：先从最后的条件看，如果第二次不倒出一半，应剩下33+27=60升，所以第二次如果不倒，应为$2 \times 60 = 120$升。
　　　　第二步：再结合第一个条件来看，120-20=100升是原来酒精的2/3，故原有酒精应是$100 \times 3/2 = 150$升。

你看，运用倒推学习法来运算是不是比较简单。数学解题中，这样的例子还有很多，但是它们都有一个共同特点：都有明显的操作步骤，并且会根据题目给你具体步骤的操作方法和终点状态，要求你找出初始状态。

但凡是遇到"根据现有数据，求第几次后的数据"这类题目，都可以使用倒推学习法进行求解。

◎倒推学习法运用在物理学习中

比起在数学中需要自己去思考和运算，倒推学习法使用在物理学习中就轻松得多，因为有固定的解题思路和三大不同的类别。

先来看解题思路：首先，可以由要求的未知量开始，通过物理概念和规律，找出与其有关系的其他物理量；然后找出由已知到未知会运用到的相关规律和公式，逐步分析层层推理；最后分步求解，得出答案。

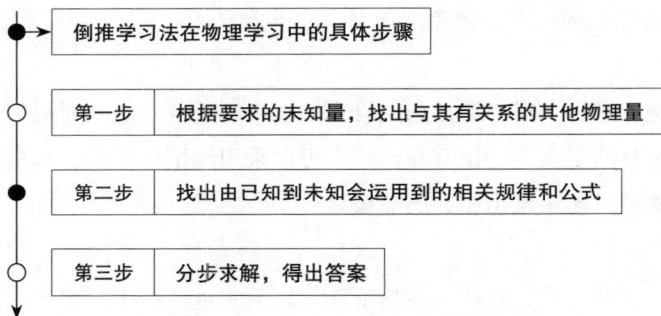

倒推学习法在物理学习中的具体步骤

第一步	根据要求的未知量，找出与其有关系的其他物理量
第二步	找出由已知到未知会运用到的相关规律和公式
第三步	分步求解，得出答案

再来看类别，倒推学习法在物理学习中主要分三大类，分别是：解题程序上的逆向思维、因果关系上的逆向思维、知识迁移上的逆向思维。

先来看第一类：解题程序上的逆向思维。什么是解题程序？就是指解题的次序，第一步该做什么，第二步要做什么，最后一步做什么，解题程序一般都是从已知信息一步步求解出未知信息。此种逆推分类运用得比较多的是选择题和证明题中，根据题目已经告知的结果，由已知到未知逐步推理，反过来思考，逆推出正确答案。

再来看第二类：因果关系上的逆向思维。任何事物的发生都存在着因果关系，一种结果必定是由一定的原因引起的，而一定的原因也会产生一定结果。在物理解题中，会有因果关系类的题目，常规的学习习惯都是从原因出发推导结果，但逆推学习法要从结果倒推原因。

最后来看第三类：知识迁移上的逆向思维。在解答物理学科的某些习题中，你有没有发现有些题目其实是以前做过题目的变形和推广，只不过是换了一个"面貌"出现，这就叫"命题转换"。这时如果遇到新题目，可以联想到以前解过的题目，把旧知识迁移到新题目上，这种思维就叫作"迁移"。有时，新题中是已知，旧题中为所求，或者反过来在新题中是所求，在旧题中为已知，无论以哪种方式出现都能用倒推思维进行知识迁移。

倒推学习法在物理学习中的三大类别		
解题程序上的逆向思维	因果关系上的逆向思维	知识迁移上的逆向思维

为了帮助你理解，我拿因果关系上的逆向思维来举例，先来看一个习题：

一含有理想变压器的电路如图所示，其中电阻R_1，R_2和R_3的阻值分别为3Ω，1Ω和4Ω，A为理想交流电流表，U为正弦交流电压源，输出电压的有效值恒定。当开关S断开时，电流表的示数为I；当S闭合时，电流表的示数为$4I$。该变压器原、副线圈匝数比为多少？

A.2　　　　　　　B.3　　　　　　　C.4　　　　　　　D.5

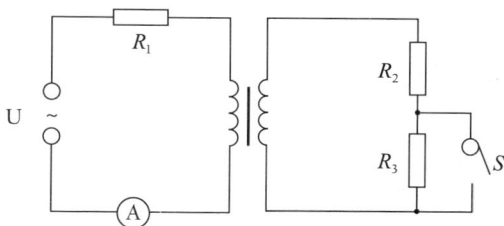

我们把给出的答案代入题目，倒推结果，假设该变压器原、副线圈匝数比为2，倒推当S闭合时，电流表的示数不为$4I$，为$4.7I$，故A错误。假设该变压器原、副线圈匝数比为3，倒推出当S闭合时，电流表的示数为$4I$，故B正确，所以本题选B。

◎倒推学习法运用在语文学习中

文言文是语文学习的一部分，有一种题型是：根据给出的文言文材料，谈谈你得到了什么启示。以这道题为例：

> 阅读《范仲淹苦学》，给了你什么启示？
>
> 范仲淹二岁而孤，母贫无依，再适长山朱氏。既长，知其世家，感泣辞母，去之南都入学舍。昼夜苦学，五年未尝解衣就寝。或夜昏怠，辄以水沃面。往往饘粥不充，日昃始食，遂大通六经之旨，慨然有志于天下。常自诵曰："当先天下之忧而忧，后天下之乐而乐。"

我们可以从结果开始思考，范仲淹为什么"遂大通六经之旨"？从前文我们可以得到关键词"勤奋刻苦"。再往前看他为什么勤奋刻苦，可以知道是由于"逆境"，最后能得出的启示就是：天才出于勤奋，逆境锻炼人才。

倒推法在具体使用时应该注意哪些问题？

◎必须从结果出发

使用倒推学习法的前置条件是必须从结果出发，采用逆向思维。

就算每个学科在具体使用时，有不同的解题步骤和思路，但底层逻辑都是一样的。把问题发生的顺序倒过来思考，得出解题思路。

◎在向前推理的过程中，每一步运算都是原来运算的逆运算

在进行推算的过程中，请注意在开始下一步运算时，应该是原来运算的逆运算。意思就是正向运算和逆向运算是互逆的。

5.3 提问法：挖掘疑问，主动思考

《礼记》里说过："善问者，如攻坚木，先其易者，后其节目，及其久矣，相说以解；不善向者反此。"意思是：善于提问的人，就像木工砍硬木先从易进斧的地方下手，然后才砍节疤和纹理不顺的地方，这样，问题就会容易解决；不善于提问的人却与此相反。可见提问能给我们带来很多好处，在极简学习法中，也有提问法。

什么是提问法？

提问法是一种通过提问来学习的方法，旨在提出问题，培养主动思考的能力，使思维得到开发，最终融会贯通所学知识。

◎大胆猜想，开拓思路

根据调查发现，有64%的学生都没有主动提问的习惯，实际上主动提问非常重要。第一，它能反映出我们对一个知识的理解程度；第二，能提问就代表敢质疑，可以培养独立思考的习惯。

在提问之前，就算你不知道相关知识的概念，也可以举一反三，大胆猜想，让知识与知识连接起来，使整体的学习思路形成完整的知识链。

◎深度思考，激发学习兴趣

后面我们会讲到，提问有很多种方式，比如启发式提问法、阅读式提问法、总结式提问法等。无论哪种提问方式都会激发你深度思考的能力，深度思考就是不断提问，直到搞清楚事情的本质为止。

其实，只要有疑问，就有动力继续学习，对学习的兴趣就能一直保持。

◎循序渐进，提高效率

提问法是循序渐进式的学习方法，比如：针对复杂问题，可以分步进行提问。首先可以提问概念是什么；其次可以根据概念提问其有什么影响；最后提问概念和影响之间的关系。由浅入深式提问，自己一步步解决复杂问题，提高学习效率。

提问法在实际学习中该怎样运用？

和倒推学习法一样，提问法在不同的学科中也有不同的操作步骤，接下来我拿数学、历史、地理为你举例。

◎提问法在数学中的运用

在数学学习中，虽然解题结果的对错以及解题技巧和方法很重要，但更重要的是学会通过自我提问的方式来评估解题过程。主要分五个步骤：

第一步：自我提问。先来看一个题目：

已知函数 $f(x)=x(x-c)^2$ 在 $x=2$ 处有极大值，求实数 c 的值。

针对这一题目，我们可以提出：已知条件是什么？已知条件可以直接确定未知量吗？这一个大问题可以分解成几个小问题？未知量是什么？

可以得知：已知条件是函数 $f(x)=x(x-c)^2$ 在 $x=2$ 处有极大值；已知条件不能直接求出未知量，要通过变形来求解；要求实数 c 的值，必须先求导，再利用在 $x=2$ 处有极大值列条件；未知量是实数 c。

第二步：通过提问，分析刚才提的问题。我们可以问：

解决这类问题应该从哪个角度着手？这类问题运用到了哪个知识点？以前我们做过类似的题目吗？有什么不一样？

解决这个问题要先根据求导公式和求导法则求出函数的导数；用导数的相关知识解决；以前做过类似的题目，只不过它比以前的题目更复杂。

第三步：通过提问，点评自己的解题过程和方法。我们可以问自己：

我的推理过程有没有不合理的地方？我的解题想法哪一些有用，哪一些没用？我的结果正确吗？

第四步：反思和纠错。这里需要注意的是，无论解题结果是对是错，都要进行反思。比如这道题目，可以问自己：这道题最难想到的是哪一步？我还能想到更好的方法吗？我有没有需要改进的部分？我从这个解题步骤中，学到了什么新知识？

这道题最难想到的部分是检验；还能想到更好的方法来解题；需要改进的部分是检验；学到的新知识是：导数为 0 的点未必是极值点，一定要进行检验。

第五步：巩固。巩固的方法是做相似的题目，比如想要巩固上面那个题目，就可以试试这个题目：

已知函数$f(x)=x^2-ax^2-bx+a^2$在x=1处有极值10，求a，b的值。

提问法在数学中运用的具体步骤
1.针对题目进行自我提问
2.分析问题
3.点评解题过程和方法
4.反思和纠错
5.巩固

◎提问法在历史学习中的运用

提问法在历史中的运用没有具体步骤，但有不同的分类，比如观察式提问法、比较式提问法、总结式提问法、承上启下式提问法。

①观察式提问法

观察式提问法指的是通过观察进行提问，比如在学习"北京人和山顶洞人的外貌特征"这一内容时，可以先观察北京人和山顶洞人的头部复原像，再提出问题：北京人和山顶洞人的五官、头型与现代人各有什么不同？因为事先进行过观察，所以很快就能给出准确的答案。用这样的方式进行提问，远比观察后没提问的学习效果好得多。

②比较式提问法

比较式提问法指的是比较两个相似的历史事件，进行提问。在学习黄巾起义时，就可以把这场起义和陈胜、吴广起义进行对比，然后提出：黄巾起义与陈胜、吴广起义相比有什么不同？通过查资料可以得知：黄巾起义是一次有准备、有组织的农民起义，陈胜、吴广起义则带有偶发性。通过这样的对比式提问，才不至于混淆两场起义。

③总结式提问法

总结式提问法指的是对某段历史时期的内容进行阶段式总结，然后提出问题。一般在学完一段历史或者总复习的时候使用。比如在学完中国古代史后，可以提问：春秋战国时期与三国两晋南北朝时期的共同特点是什么？根据课本知识，可以知道是分裂。

总结式提问法可以锻炼我们的概括能力，而且能把断断续续学过的知识联系起来，通过找出共性进行记忆，以此来提高学习效率。

④承上启下式提问法

承上启下式提问法针对有因果关系的历史事件，指的是把两件有因果关系的历史事件联系起来，进行提问。比如在学习秦统一六国时，就可以提出：春秋战国时期是个分裂的、多战乱的时期，人民饱受战争的灾难，那么秦统一六国有什么意义呢？

这时我们自动就会回忆出春秋战国的分裂，并对比出秦的安定，得到答案：春秋战国时期人民渴望统一，秦的统一符合人民的愿望。

承上启下式提问法通过互相对照，来加深对知识的理解，把历史事件连接成整体。

历史学习中四种不同类别的提问法			
观察式提问法	比较式提问法	总结式提问法	承上启下式提问法

◎提问法在地理中的运用

地理虽然偏向抽象类学科，但也能用提问法进行学习，主要有四个步骤。第一步：分析地理事物、地理现象；第二步：探讨地理事物、地理现象之间的相同点和不同点；第三步：找出内在联系；第四步：归纳其共性和个性。

比如在学习"工业的区位选择"这一内容时，就可以提出这几个问题：鞍钢和宝钢的地理位置有什么不同？鞍钢和宝钢两者的原材料生产来源有什么不同？鞍钢和宝钢的消费市场有什么不同？

回答出这些问题后，你会发现自己既可以掌握鞍钢和宝钢区位选择的因素，也能掌握工业区位因素选择的共性。

无形中就对这些知识进行了分类归纳，理清了知识脉络。

提问法在地理中的运用具体步骤
1.分析地理事物、地理现象
2.探讨地理事物、地理现象之间的相同点和不同点
3.找出内在联系
4.归纳其共性和个性

提问法在具体使用时应该注意哪些问题？

◎提问要适量，不能过多

虽然提问法是用提问的方式来学习，但也不能一直提问，提出的问题应当适量。人的注意力有限，如果一直提问而不总结，反而会让大脑疲惫，误以为提问只是流程，而不是学习方法。

◎注意不同的学科有不同的提问方式

不同学科学习逻辑不一样，提问题的角度也不一样，上文中介绍了不同学科的提问方式，要结合不同学科的特点，选择合适的提问方式。

◎提问要有针对性，符合实际情况

提问是在目前的知识水平上提问，需要符合实际情况。比如：上文提到的"黄巾起义与陈胜、吴广起义相比有什么不同"这一问题，就需要在学习了两次起义之后再提出问题。如果只学了黄巾起义就提出上面的问题，很显然不符合实际情况。这样的问题就算提出，也没有意义。

5.4 纠错法：及时纠正错误，避免重复犯错

爱迪生发明电灯，使用了6000多种材料，测试了7000多次，但一次又一次地失败了。失败后的爱迪生不断在每一次的错误中，寻找原因，终于发明出电灯。爱迪生之所以成功，是因为他能在失败中成长，在错误中学习。在我们的学习过程中，犯错误并不可怕，可怕的是不知道纠正错误，因此掌握纠错法很有必要。

什么是纠错法？

纠错法指的是在错误中学习，通过分析、纠正错误，使自己深刻意识到出错原因，从而避免反复犯错。

◎自我反省，加深印象

纠错法学习可以帮助我们学会自我反省，自己主动回头检查所做的题目。比如：当你考完一次考试之后，可以趁热打铁，马上反省在交卷后突然想到的某个解题办法或知识点。这样能更好地巩固知识、加深印象，真真切切地促进进步。

◎纠正错误，重构知识

纠错的过程实际上是知识重塑的过程，犯错有多种原因，可能是认知偏差，也有可能是理解不到位。纠正错误能再次消化知识，进一步运用、理解错误点，系统析错，促进知识重构。

◎合理对比正误，避免重复犯错

在纠错法的运用中，会把正确答案和错误答案进行比对，比如在学习《道德与法治》八年级下册"国家权力机关"这一内容时，学习到全国人民代表大会的职权有"立法权、决定权、任免权、监督权"这四项，而你在做题时却把"表决权"也混淆了进去。

当你得知自己的答案错误时，接下来就会详细比对正确答案，寻找自己的错误点，正因为有了对比这一关键步骤，下一次再遇到相似题型时，很大概率不会重复犯错。

纠错法在实际学习中该怎样运用？

虽说纠错法只有纠正错误一个核心要点，但在实际运用中，有很多细节需要注意，接下来我用具体的学科为你举例。

◎纠错法在初中生物实验中的运用

实验注重的是实际操作，因此很少有具体的方法让我们参考。但纠错法恰恰是这少数能帮助我们实验的方法。以"唾液分解淀粉"这一实验为例。

实验原理是淀粉遇碘变蓝。但是在实际实验中很多学生会发现，有的试管就算加入等量的唾液、淀粉糊、少量的碘液后，也不会出现变蓝的现象，而是会变紫，还有些仅仅是试管底部变蓝。但凡出现这种现象就代表实验的某一步做错了，这时候要回过头去分析到底哪一步出了问题：是温度没有达到，还是没有加够唾液，或者加了唾液后没有搅拌，抑或是没把控好时间，导致反应太快，无法观察到颜色的逐步变化。

　　用纠错法来解决这些问题最适合，可以增加加热时间、增加适量唾液并进行搅拌，或者在不改变淀粉量的情况下，对唾液淀粉酶溶液进行稀释，再重复实验。

纠错法在初中生物实验中的运用	
错误点	纠正方法
温度没有达到	增加加热时间
没有加入足够的唾液	增加适量唾液
加了唾液量没有进行搅拌	注意搅拌
没把控好时间	在不改变淀粉量的情况下，对唾液淀粉酶溶液进行稀释，降低反应速率

　　值得注意的是，当你不知道到底是哪一步出了错时，需要通过一点点实验、反复纠错来改变操作，达到实验预期。这样才能用纠错法在实验中获得知识，提高学习能力。

◎**纠错法在数学习题中的运用**

　　数学的学习方法不像做实验那么局限，它有很多种。纠错法在数学中的运用有特定的逻辑和简便的步骤，主要分四步：分析错误原因、辨别错误类型、明白错误本质、讲解纠正错误。

第一步：分析错误原因

　　这一步最关键的是找出错点和犯错根源所在，要深度分析各种因素，具体到每一个步骤。一起来看一个习题：

实数a，b在数轴上的位置如图所示，化简｜a−b｜−｜b｜．

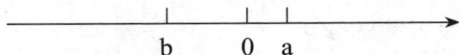

b　　0　a

一位学生的解答过程如下：

∵a＞0，b＜0；∴｜a−b｜=a+b，｜b｜=b；
故｜a−b｜−｜b｜=（a+b）−b=a+b−b=a．

虽然这位学生的结果是正确的，但是解答过程有许多错误的地方，仔细分析这位学生的解题思路：

a＞0，b＜0，所以a是正数，b是负数，a−b是一个正数减一个负数，减去一个数等于加上这个数的相反数
所以｜a−b｜=a+b．
b是负数，所以b的绝对值是正数，因此｜b｜=b
故｜a−b｜−｜b｜=（a+b）−b=a+b−b=a．

上面的解法错误在于：当a＞0，b＜0时，｜a−b｜≠a+b，｜b｜≠b．
这就是纠错法在数学中运用的第一步，分析错误原因，分析错误一定要像上面举的例子一样具体且落到实处。

第二步：辨别错误类型
找到错误之处后就要辨别错误的类型，到底是对概念及性质的认识模糊不清，还是审题不严，还是以上面的习题举例。
上例中，找准错误点"当a＞0，b＜0时，｜a−b｜≠a+b，｜b｜≠b"后，要分析为什么出错，然后经过一步步纠错总结出：

不能把a和b当作正数、-a和-b当作负数；应该利用绝对值的性质去绝对值的符号，且运算过程中要用括号保持绝对值里面部分这个整体的完整性。凡是在计算一个数或者式子的绝对值的时候，都应该这样思考。

那么犯这个错误实质上就是没有彻底弄明白绝对值的性质这一概念。

第三步：明白错误本质

找准了错误点也明白了错误类型，接下来要通过错误总结这一大类题的解法，避免以后犯同样的错误。比如上例中就可以总结出：

当a > 0，b < 0时，求∣a-b∣应考虑(a-b)这个整体与0的关系，从而利用绝对值的性质得出结论：

因为a > 0，b < 0，所以a > b，则a-b > 0，根据"正数的绝对值是它本身"性质可得∣a-b∣=a-b；

因为b < 0，根据"负数的绝对值是它的相反数"性质可得∣b∣=-b。

故∣a-b∣-∣b∣=a-b-(-b)=a-b+b=a。

这里就可以把我们总结出来的"正数的绝对值是它本身""负数的绝对值是它的相反数""应该利用绝对值的性质去绝对值的符号，切忌不能把a和b当作正数、-a和-b当作负数""要考虑式子的完整性"等要点当作解这类题的关键。

第四步：讲解纠正错误

这一步是为了更好地巩固正确概念，帮助我们深刻认识错误、内化知识。具体做法和费曼学习法类似，需要把错题讲出来，比如上面这个题目，对题目再次梳理时，就可以这样讲：

因为 a > 0，b < 0，所以 a > b，即（a−b）是正数，根据"正数的绝对值是它本身"，所以｜a−b｜=（a−b）。

因为 b < 0，即 b 是负数，根据"负数的绝对值是它的相反数"和"表示一个数（或式子）的相反数就在这个数（或式子）的前面添负号"可得｜b｜= −b。

故｜a−b｜−｜b｜=（a−b）−（−b）=a−b+b=a。

经过这样一番讲解，正确的解题思路已经很清晰。

纠错法在具体使用时应该注意哪些问题?

◎分清纠错法和错题集

纠错法并不等于建立错题集，虽然纠错法和错题集的目的都是为了避免重复犯错，但这两者有本质的区别。错题集更注重通过搜集错题来温习正确做法，而纠错法则更注重分析错题，从而内化知识。

就比如上面提到的实数这一例子，如果是建立错题集，就是把原题目和错误做法、正确做法写在错题本上。但是，如果是用纠错法来思考，那么不仅要做错题集这一步骤，还要思考辨别错误、总结知识、讲解错误。从某种意义上来说，纠错法比错题集涵盖的知识更广泛。

◎用正确的心态勇敢面对错误

犯错并没关系，重要的是对错误的态度。很多学生犯了错误就不管不顾，既不思考，也不总结，或者思考总结了之后不及时巩固，也不及时去改正错误。这些都是不正确的做法，正视错误很重要，因为它暴露了我们的问题所在。

不要因为不敢面对错误，而失去了从错误中进步的机会。

5.5 诊断法：科学评估自身，有效对症下药

很多人做事不喜欢评估，总是以为评估可有可无，实际上评估不仅能"风险预测"，还能更了解自己的现状，使用诊断法就可以对学习进行评估。

什么是诊断法？

诊断法指的是对知识结构进行诊断评估，据此了解知识掌握情况，来判断学习现状。它是一种评估学习现状的学习方法，主要分四个部分：课前诊断、听课诊断、课后诊断、考试诊断。

第一部分：课前诊断

什么是课前诊断？往简单里说，就是在老师上课之前诊断。最简单的方法就是预习，比如初中语文《邓稼先》这一课，通过课前诊断可以了解到此文通过描写邓稼先的功绩与品行来展现他的伟大形象。

课前诊断应该自己辨别出重点内容是哪些，并把这些内容做好标记，上课时对照老师讲解的重点来对比学习，以免出现偏差。这样会让学习过程更精准、有针对性。

第二部分：听课诊断

听课诊断是在上课时进行诊断，这部分相对简单，只需诊断出那些上课时你没听懂的部分。但是要注意，在课堂上一定要跟着老师的思路学习，如果遇到没听懂的部分，只需要简单做一个标记，暂时不去管这部分内容。

第三部分：课后诊断

课后诊断的前置条件是成功进行听课诊断，然后去诊断课堂上那些没听懂的部分，找出知识结构的薄弱环节，评估自己知识掌握的程度。比如，在学习地理的"大气热力环流"这一原理知识时，你在老师讲解时不能理解"环流的形成过程"这一知识点，那么在课后诊断时，就重点看这部分内容的相关知识，其他知识暂时搁置。

第四部分：考试诊断

这部分的诊断内容是考试，包括试题考点、应得分、实得分和错因分析。在诊断实得分时，需要自己看完所有错题，加上那些自认为不应该错的题目的分数，然后和应得分比较，从这部分内容里诊断出要提高的地方。

诊断法在实际学习中该怎样运用？

前面三部分的诊断内容都比较好运用，下面我以具体科目来重点讲解如何进行考试诊断。

◎考试诊断在数学中的运用

考试诊断部分最有难度的是"错因"分析，因为很多学生不会落到实处，只会总结出看错了选项、粗心等非常不具体的原因。我们可以这样进行错因分析，先来看一道习题：

化简：$2[(m-1)m+m(m+1)][(m-1)m-m(m+1)]$。若 m 是任意整数，请观察化简后的结果，你发现原式表示一个什么数？

虽然这道题目要求我们化简结果，但实际上考察的是我们对符号的意识，以及字母的普遍意义。

出错的很多学生会认为化简后的结果"$-8m^3$"是多项式、代数式，甚至认为是负数、8的倍数的相反数。出现这些错误都说明没有明确字母的普遍意义，而且符号意识没有真正建立。这时需要做的是回顾课本，好好理解每一个符号的意义。

经过对前面的错题仔细分析，我们很快就能诊断出自己的问题所在，也能很明确地知道目前的学习状况到底是什么。需要注意的是，错因要具体，诊断分析要落到实处。

◎ **考试诊断在政治中的运用**

在考试诊断中，你会发现出错的有一部分题是很难的题，这时候该怎么诊断呢？首先，不能害怕诊断这类题目；其次，合理运用所学知识和答题技巧。

诊断政治这一学科的难题主要分四步，第一步：审题，弄清题目问的是什么、涉及了哪些知识范围、要回答什么；第二步：带着问题读材料，找出关键字，概括出整段材料的中心含义；第三步：回归教材，搜寻相关知识点，并结合题干，构思答案；第四步：层次分明地写出答案。我们把这个方法代入具体的题目中来诊断，先来看题目：

材料：

我国拥有300万平方千米的"蓝色国土"，这是中华民族实施可持续发展的重要战略资源，也是把我国建设成为海洋强国的可靠保障。

2003年，全国海洋产业总产值首次突破万亿元大关，达到10077.7亿元人民币，按可比价格计算，比上年增长9.4%，继续保持高于同期国民经济的增长速度。

运用所学经济常识分析海洋产业对我国经济发展的意义。

第一步：审题。材料中指出我国拥有广阔的"蓝色国土"，这就说明我国有庞大的资源支持经济的可持续发展，由此诊断出：本题很有可能问的是充足的资源对可持续发展有什么作用。

第二步：整理材料的中心含义。后面提到海洋产业快速增长，那说明我们的国民经济也在提高，而海洋产业也在兴起和不断发展，使我国的产业结构得到了调整和优化。

第三步：回归教材。从海洋产业发展的效果看，它有利于满足人民群众日益增长的物质文化需要，并推动我国经济的可持续增长，这是社会主义生产的目的与本质。

第四步：分点整理答案。可以得出：

广阔的"蓝色国土"可以为我国经济增长提供更多的资源。

发展海洋产业，能够促进产业结构的升级。

发展海洋产业，可以更好地满足人民群众日益增长的物质文化需要，推动经济的可持续增长。

诊断法的关键作用之一是，让你学会自己诊断难题，找到难题的突破口。

诊断法在实际使用时的注意事项

◎诊断不仅仅是评估

虽然诊断法能让我们科学评估目前的学习现状，但诊断法不等同于评估，这两者有很大的区别。评估是判定一个事物的价值，比如：在你听课诊断时，你评估出某个知识点并不是重点。评估更注重价值的判断。

但是诊断，偏向于对价值偏差背后的原因进行判断、分析，是一种分析问题的具体方法。

◎诊断出的原因不能犯同样的错误

仅仅诊断出问题的原因是不够的，我们还要要求自己诊断出一个问题就牢记问题所在，并提醒自己下次不能犯同样的错误，不然很难改变学习现状。

5.6 框架学习法：
用结构化思维建立学习体系

框架与系统是思维构建很关键的一部分，就好比大脑的中枢系统。框架学习法可以帮助我们用结构化思维建立学习系统。

什么是框架学习法？

所谓框架学习法，就是通过构建知识框架，清晰地梳理知识，帮助我们检索要点，最终达到系统学习的目的。

◎掌握知识脉络，使知识程序化

建立框架的前提是对所学知识有清晰、系统的了解。这里并不是指按部就班地学习每一个章节，而是提倡先概括内容，再了解知识框架，逐渐在大框架下明晰细节、完善结构。这样，仔细做完每一步之后，便能使知识程序化。

◎搭建记忆框架，快速检索信息

一旦把知识框架构建好，也就意味着你帮自己搭建好了记忆结构。比如：在你回忆某个知识时，直接能从脑海中的记忆结构里搜寻相关信息，节约答题时间，高效答题。检索回顾，逐渐形成体系，使学习更扎实牢固。

◎**精简主干，化繁为简**

知识框架里不会有太多内容，甚至能把较为复杂的知识精简成主干内容。它不仅能概括难点，还能归纳总结知识。以学科知识结构的完整性和系统性为依据，把知识化繁为简，促进理解和记忆。

框架学习法如何运用在具体学科中？

框架学习法最重要的是建立框架，它比较适合复习的时候使用，特别是总复习阶段。接下来我为你详细举例。

◎**用框架学习法解答政治题**

我从政治学科的真题切入，来告诉你如何结合知识框架，从框架学习法这一角度来分析习题。首先来看一则材料：

2019年10月1日，中华人民共和国迎来70周年华诞。一个国家的强大，根基在民心；一个民族的复兴，关键在精神。伟大民族精神植根于源远流长的中华文明沃土，积淀于从未停歇的中华民族奋斗历程。

中国近现代历史、革命战争年代，中国人民不屈不挠，众志成城，书写保家卫国、抵御外侮的壮丽史诗；新中国成立及改革开放以来，中国人民辛勤劳作、不懈奋斗，甩掉积贫积弱的帽子，推动经济社会日新月异快速发展，大踏步赶上时代、大踏步迈向世界舞台中央；党的十八大以来，中国人民心怀梦想、勇攀高峰，迎难而上，开拓进取，党和国家事业发生了历史性变革，迎来了中华民族从站起来、富起来到强起来的伟大飞跃。中国特色社会主义进入新时代，更需要伟大民族精神凝聚伟大力量以实现中华民族伟大复兴的中国梦。

然而前行的道路并非一帆风顺，国际形势严峻复杂，国内改革进入攻坚期深水区，要把实现中华民族伟大复兴的宏伟蓝图变为现实，还要闯过一个个"腊子口""娄山关"。

我们坚信，当每一个中华儿女都成为伟大民族精神的承载者、弘扬者、践行者，"中华号"巨轮就一定会劈波斩浪，驶向更加光辉灿烂的明天。

结合材料，运用认识社会与价值选择的相关知识，说明为什么我们要怀揣中国梦，成为中国梦的"追梦人"？

拿到这样的题目，首先我们要在脑海中回忆出"认识社会与价值选择"的框架，主要包括社会发展的规律、社会历史的主体、价值与价值观、价值判断与价值选择、价值的创造与实现这五部分内容。

明确了这些知识后，我们再来分析材料，根据上述材料简单做一个框架图。

然后，再将题目所涉及知识点的范围用框架图的形式进行罗列，选择答题要点。

最后一步是，根据知识框架图，对材料进行二次选择，于是得出答案：

①社会存在决定社会意识，社会意识对社会存在具有能动作用，先进的社会意识可以正确地预见社会发展的方向和趋势，对社会存在的发展起促进作用。

②"中国梦"作为先进的社会意识对国家的可持续发展具

| 时代背景 | —— | 中华人民共和国成立70周年，中华民族的奋斗历程 |

| 回顾历史 | —— | 赞扬在中华民族奋斗过程中民族精神的作用 |

| 透视现状 | —— | 指出国际形势严峻复杂，中国面临的挑战不断增多 |

| 直抒期待 | —— | 每个人都应该不懈奋斗，努力成为中国梦的"追梦人" |

必修4第四单元：认识社会与价值选择

第十一课：寻觅社会的真谛
- 社会存在与社会意识
- 社会基本矛盾运动
- 社会历史发展的总趋势
- 人民群众是历史的创造者
- 群众观点和群众路线

第十二课：实现人生的价值
- 人的价值
- 价值观的导向作用
- 自觉遵循社会发展的客观规律
- 自觉站在最广大人民的立场上
- 在劳动和奉献中创造价值
- 在个人与社会的统一中实现价值
- 在砥砺自我中走向成功

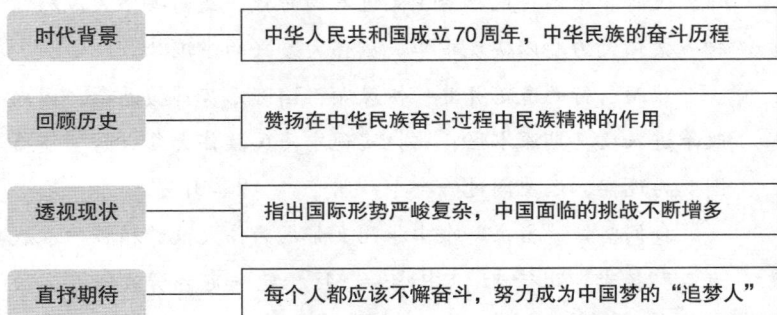

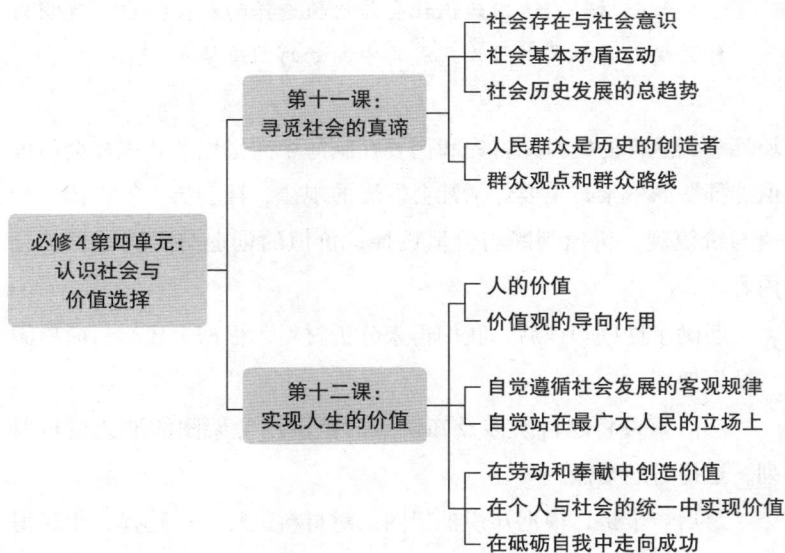

有重要的促进作用。

③正确的价值观作为社会意识，对人们认识和改造世界具有积极的推动作用；实现中华民族伟大复兴的梦想激励一代代中国人为富强中国而不懈追求。

经过这样一番剖析，相信你应该也明白框架学习法好用的原因了吧。无论解什么样的题，只要确定了与本题目对应的知识框架，就很容易解答。

◎用框架学习法梳理物理知识

用框架学习法梳理物理知识需要分不同的方面，以此来提高学习的精准度。比如在学习"运动与相互作用"这一知识时，就可以从运动、相互作用以及牛顿运动定律这三个方面来搭建框架。

首先，我们来建立有关"运动"这一主题的框架，组成内容分别是对运动的描述、直线和曲线运动等。然后，细分"运动"的描述这部分内容，它包括质点、参考系、坐标系、时间、位移、速度、加速度等。

"相互作用"这部分内容主要是对力的分析，包括力的图示和示意图、重心、弹力、静摩擦力、合力与分力，每一部分需要掌握的核心知识可以简单罗列在框架里。

"牛顿运动定律"这部分内容，主要是掌握惯性和力学的单位制，用相同的逻辑来分析，可以得到框架图，见下页。

搭建出这样的核心框架后，无论是学习阶段还是课后复习阶段都会有很清晰的思路，你会知道"运动与相互作用"的概念有哪些，而且还可以从不同角度实现对这一概念以及规律的认识和了解，并解释相关事实，解答对应的题目。

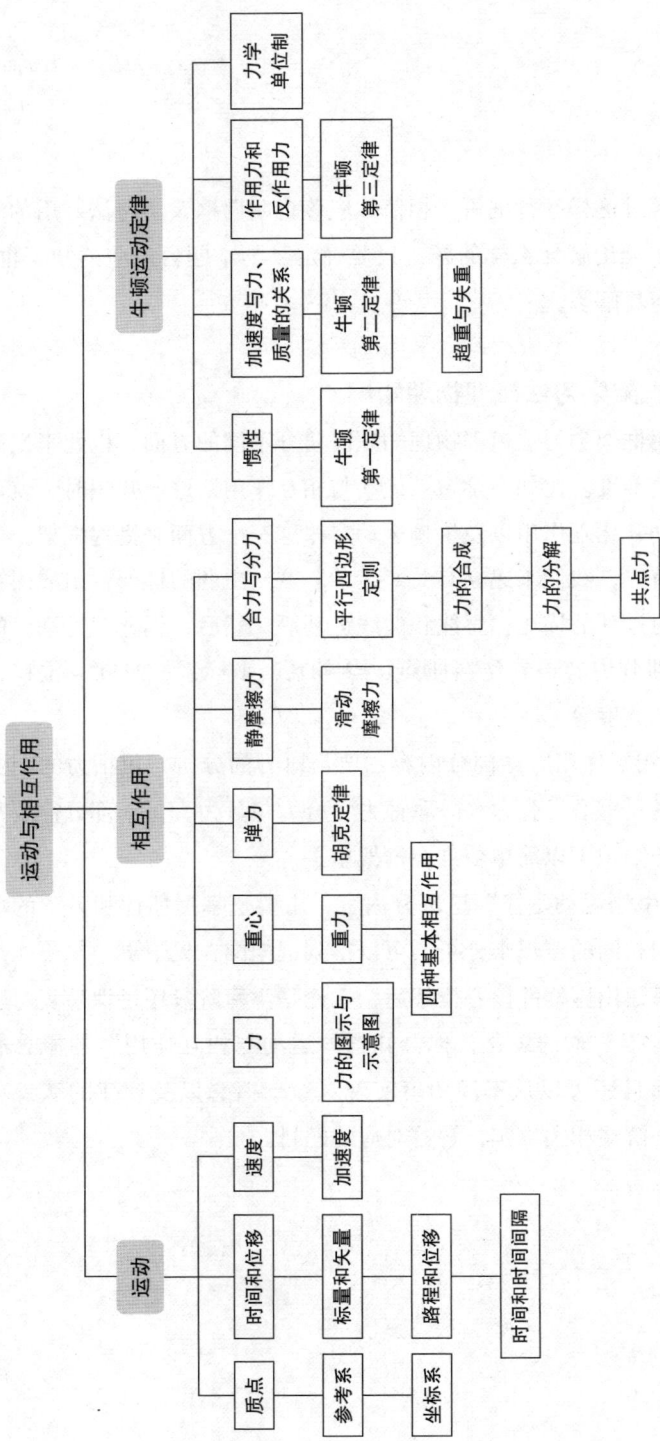

运动与相互作用

运动

- 质点
- 参考系
  - 坐标系
- 时间和位移
  - 标量和矢量
  - 路程和位移
    - 时间和时间间隔
- 速度
  - 加速度

相互作用

- 力
  - 力的图示与示意图
    - 四种基本相互作用
- 重心
  - 重力
- 弹力
  - 胡克定律
- 静摩擦力
  - 滑动摩擦力
- 合力与分力
  - 平行四边形定则
    - 力的合成
    - 力的分解
    - 共点力

牛顿运动定律

- 惯性
  - 牛顿第一定律
- 加速度与力、质量的关系
  - 牛顿第二定律
    - 超重与失重
- 作用力和反作用力
  - 牛顿第三定律
- 力学单位制

框架学习法运用时的注意事项

◎框架必须精简

框架里面的内容是很核心的知识，通常概括了一个章节的主要内容。因此自己在建立框架时，切忌啰唆，把关键字罗列出来即可。

◎框架学习法不是思维导图

或许很多学生在看到框架学习法的时候就已经联想到了思维导图学习法，虽然都是用框架的方式来学习，但是两者有很明显的区别。框架学习法有很强的针对性，比较适用于复习阶段使用，用于知识的总结和罗列。

而思维导图学习法的使用更偏向综合，它既可以在制订学习计划和作文审题时候使用，又可以在数学错题集中运用。

需要注意的是，并没有哪一种学习方法好，哪一种学习方法不好。应该思考哪一种极简学习法最符合当下的学习需求。

第六章

正视失败，在竞争中保持好心态

　　本书提及的极简学习法固然重要，但就算掌握再多学习法，没有好的心态也很难在学习中如鱼得水。本章从处理竞争与学习的关系开始，教你怎样与同学保持良好的竞争关系，告诉你怎样提高自己的抗挫力，以及用六种方法进行心态调整，缓解学习的疲惫。

　　好的学习方法只有和好的心态联结在一起，才能所向披靡。

6.1 精简竞争：只和一个同学对标

梁启超说过："物竞天择势必至，不优则劣，不兴则亡。"在自然界中适者生存，人类世界中也有竞争，但竞争太过激烈容易造成很大的心理压力，因此得学会在学习中"精简竞争"。

什么是精简竞争？

精简竞争指的是，通过只设立一个竞争对手来明确竞争目标，从而激发潜能，促使进步。

◎增加动力，更快进步

提到学习竞争，很多学生首先想到的是学习压力。其实，压力只是竞争的一部分内容，它更重要的作用是督促我们不断努力，所谓"逆水行舟，不进则退"。我们不能因为有压力，就只看到竞争的弊端，还要学会发现学习中竞争的好处，这样才能把压力转化为动力，有了学习动力才能更快进步。

◎认清自己，发现局限

虽然很多学生很在意竞争结果，但我想说的是竞争过程同样重要。我们可以在和别人一次次的竞争对比中，发现自己和别人的差异，甚至可以找出丢掉分数的具体题目。比如：数学考试前，你决定要和M同学竞争，结果M同学比你考得好。这时你就可以详细比对你们试卷正误的差异，找到那些自己原本可以得分却丢分的题，然后分析出具体丢分的原因。

这就是在精简竞争中，找到自己可以进步的地方，从而更好地认清自己，发现目前学习的局限性。

◎赋予目标压力，激发潜能

选择和别人竞争也代表你有一颗想赢的心，既然想赢，那就会很自觉地付出努力。因为在良性的竞争中，我们处于一种适度紧张的状态，所以也会刺激我们更加认真地学习与思考，从而慢慢激发学习潜能。

精简竞争如何运用在实际学习中？

所有学科精简竞争都可以按照以下三个方面来做，唯一需要注意的是，只能确定一名竞争对手。

◎课堂上的竞争

在课堂上确定的这个竞争对手可以是学习成绩很好的同学，也可以是上课很积极的同学。把他们当竞争对手可以很好地督促我们专注地上课。比如：语文老师在课堂上提出一个问题后，有同学积极举手发言，这时候你就可以和她进行竞争，也举手发言，她发言多少次你就发言多少次。但需要注意的是，竞争结果的输赢不是最重要的，最重要的是认真聆听她的回答，以及对照你的回答和老师给出的答案的差距，以此加深对知识的印象。

如果在数学课堂上竞争，当老师提出要同学去讲台上做题时，这时就可以和另外一个去上台做题的同学竞争。这时的竞争结果就很重要，因为数学是一个理性学科，对就是对，不对就是不对。可以从答题时间、答题正确率、答题步骤完整率等方面来考评最终竞争的输赢。

如果遇到英语老师在课堂上要求背诵并默写某一段英语短句时，你就可以就近选择一个竞争对手，这个人可以是前后桌的同学，也可以是同桌。竞争评定的标准就是在规定时间内完整背诵或者正确默写出老师要求的内容。这样做的好处是，你们在核对答案的过程中又能加深一遍对词汇或者短语的印象。

◎分数上的竞争

以分数作为竞争的评定标准并不是考试分数的高低，因为每次考试分数都会随着难度改变，如果某次考试题目很难，那么所有同学的整体分数都会相对较低；如果某次考试题目比较简单，那么整体分数就会偏高。因此，我们应把自己与竞争对手分数的对比作为评定标准。

按照分数竞争的思路来确定竞争对手，会出现每个学科都会有一个竞争对手的情况。如果你数学成绩比语文成绩好，那么在确定数学竞争对手时，就要确定一个成绩比自己好一点的同学，语文就可以不用按照数学的标准来确定。

在分数上竞争除了以他人为竞争对手，还可以以自己为竞争对手。具体做法是：在考试难度相差不大的情况下，对比上一次的考试分数，来分析这次的分数，从而找到进步或者需要改进的地方。

运用精简竞争要注意什么问题?

◎ 竞争对手可以按需更换

虽然精简竞争的标准是只和一个同学对标,但这个同学并不是一个固定的人,可以根据竞争内容变动。只是说每次竞争的对象只能是一个同学,不能和多个同学竞争,不然就违背了精简竞争的本质。

比如:按照分数来竞争虽然会出现每个学科都有一个竞争对手的情况,但是不能出现一个学科有两到三个竞争对手的情况,这样会导致目标不明确。

◎ 不是每时每刻都需要竞争

虽然竞争对我们有很多好处,但也不需要每时每刻都在竞争,竞争只在我们有需求的时候登场。面对竞争也要有良好的心态,所谓好心态就是不要因为竞争结果而产生负面情绪,要去分析竞争失败的具体原因,这样让竞争促使进步的目的才能达到。

◎ 竞争对手一定是比自己强的对手

竞争对手的选择一定是实力比自己强的选手,这才是竞争的意义所在。根据自己的实力,确定一个"需要跳起来才能达到目的"的竞争对手,但是也不能确定比自己强太多的竞争对手,以免自己丧失信心。

6.2 正视失败：从四个方面快速提高抗挫力

虽然生活中的失败就是我们最好的营养品，有了失败，才知道失败的原因，从中吸取教训与经验，从而在以后的人生旅途中才可以走得更平稳。但并不是要你习惯失败，正视失败才是在学习中提高抗挫力的开始。

什么是抗挫力？

所谓抗挫力，指的就是面对、适应和抵抗挫折的能力，在学习过程中只有正视挫折，才能以更好的心理状态投入学习。

◎保持希望，持续进取

研究发现，有很多学生在遭遇挫折逆境后，会陷入消极情绪中，有些甚至持续很长时间。比如：仅仅是某次考试成绩不理想，就怀疑自己不适合学习，甚至否定以前所有的努力，这就是抗挫力弱的表现。

如果有很强的抗挫力，不会因为一次失败而否定自己。高抗挫力的人在遇到挫折之后，会很积极地去寻找解决问题的办法，永远都是一种持续进取的状态，对任何事都满怀希望。

◎及时自我调整，有力对抗焦虑

高抗挫力除了能让我们保持积极进取的状态外，还可以很好地调节自我。那么，什么是自我调节能力？这是指遇到不顺利时，自己能迅速调节当下的坏情绪。比如：当你因为某件事的观点和同学产生了分歧，甚至吵起来，导致你心情很不好。这时就要自我调节，告诉自己每个人都有不同的想法，不必要求对方必须和自己想法一致，学会包容多元化的观点也很重要。

高抗挫力用在自我调节中最厉害的一点是能及时调整各种情绪。因为情绪从不积压，所以能减少各种不必要的焦虑。

◎有效自我肯定，磨炼自己的"武器"

高抗挫力并不是天生就有，它需要后天培养，面对挫折的过程能磨炼自己的意志。假如没有挫败，你就不知道即将出现什么错误、在哪一步可能会犯错、犯错之后要做什么才能防止再次犯错等信息。

当你能轻松掌控挫败后，实际上也就代表着对自己有十足的把握，这些自信会帮助我们更好地自我肯定，从而磨炼属于自己的"秘密武器"。

在实际学习中如何提高抗挫力？

抗挫力既然那么有用，那在实际学习中我们该如何培养自己的抗挫力呢？这里我提供四种简单且实用的方法。

◎从不同的角度看问题

提高抗挫力的第一个方法就是要学会从不同的角度看问题，比如在学习地理"经度和纬度"这一内容时，你发现自己总是混淆经度和纬度的概念。这时候可能会有以下几个心理状态：

> 我是不是理解能力有问题，为什么老师讲了不止一遍我还是听不懂？
>
> 这个知识点是不是很难，好怕自己一直都学不懂。
>
> 无论怎样学，好像都学不懂，还是放弃吧。

如果有这些想法，就说明你有很大的空间提高自己的抗挫力，那么该怎样从不同的角度看问题呢？

仔细观察上面的心态，其实都属于从失败的角度来分析问题，如果换一种角度，我们的想法可以改变为：

> 这个知识点我一直都很容易混淆，说明它们有相似的地方，我要把这些相似的地方找出来。
>
> 但它们是不同的概念，不同点在哪里呢？
>
> 我觉得难以理解这两个概念是因为在平时生活中不常接触这些概念，才导致太抽象。

你看，这个层面就是从"为什么"的角度来分析问题的。

学会从不同角度看问题，思维就不会被禁锢，我们也不会把自己困在原地。思维先要打开，才能提高抗挫力。

◎事情没有那么糟糕

很多时候我们很容易把一件事的后果想得很严重，实际上的结果其实远没有你想象中那么糟糕，要相信"办法总比困难多"。比如：很多学生会觉得如果高考成绩不理想，自己这辈子就完蛋了。

实际上高考就像秋日里的一片落叶，它仅仅是大树的一片叶子而已，不代表整棵树的状态。同样，高考也只是人生的一小部分，高考没考好也没关系。

高考最重要的是培养好的习惯和人生态度，专注、认真地做好一件事，全力以赴地为自己的人生负责。最重要的是努力的过程，结果其实没有那么重要。

之所以抗挫力不好，是因为在开始做一件事之前就给自己很大的心理负担，会想着做不好这件事该怎么办。提高抗挫力的第二个办法就是，卸掉这部分心理负担，先不想后果，让自己投身到学习过程中，提升应对困难的能力。比如：在做英语听力时，如果没听到一小部分内容，不用惊慌，不用回想，继续听接下来的部分。你没听到的那部分，很有可能是不重要的旁白。

◎培养自信

何谓自信？就是自己对自己做的事很有把握，自己相信自己。注意这里的把握不仅指正面把握，还有负面把握。比如：一道数学大题总共10分，你没有把握拿到10分，但有把握拿到8分，这也算对自己有自信。或者一道很难的物理题目，你一看就不会，这也算把握的一种，只不过这种把握是负面把握。这时要提高自己的抗挫力，就要仔细研究难题，看看到底难在哪里，一步步攻克难点，找到自信。

培养自信是提高抗挫力的第三种办法。从易到难，循序渐进地学习知识；理解透彻基础知识；积累多种解题技巧；预测可能犯的错。这些都能培养我们的自信，进而提高抗挫力。

◎提升应对困难的能力

除了以上三点，提高抗挫力最重要的一点，是要提升自己应对困难的能力。首先，我们要学会克服面对困难时的恐惧心理。其实，大部分困难都不难，只要稍稍思考都能勘破，一件事之所以有难度，第一是因为操作步骤不止一步，这中间可能还夹杂着各种逻辑的转换；第二是因为有很多干扰项存在，导致我们没办法一眼看出答案。实际上，困难远没有想象中那么可怕，正视困难是我们要做的第一步。

下一步要做的就是承担结果。无论一件事的结果是好是坏，都要勇敢承担结果。比如：这次你因为拖延没有及时完成英语作业，被老师点名批评，导致心情很糟糕。那么你需要做的就是，勇敢承认没有完成英语作业这一事实，下次不要再犯这一错误就好。

最后一步要做的是，提升对一件事的预见能力。所谓预见能力，指的就是提前预见一件事结果的能力。比如：一张试卷总分150分，你能预见自己至少得110分，而丢分的部分，很有可能是自己没学懂的部分。

在实际学习中如何提高抗挫力			
从不同的角度看问题	事情没有那么糟糕	培养自信	提升应对困难的能力

培养抗挫力要注意什么问题？

◎培养抗挫力不代表纵容自己

抗挫力的培养里有一点是"事情并没有那么糟糕"，这里并不代表纵容错误。比如：你不能因为贪玩而不完成英语作业，就故意找借口说我在培养自己会被老师批评的抗挫力。这样的做法是不对的。

◎高抗挫力不代表允许一直挫败

虽然高抗挫力很重要，但不代表让自己一直失败。它只代表面对挫折后不丧气，并且有勇气处理接下来局面的能力，并不是一直挫败就会有很强的抗挫力。要注意分清楚这两者。

6.3 重视精神状态：不在疲惫时学习

精神状态对学习很重要，如果在疲惫的情况下学习，不仅会让学习效果大打折扣，还会减弱学习兴趣、增加学习压力、削减学习动力。保持好的精神状态，才能保证学习效率。

什么是学习时的精神状态？

先从对"学习时的精神状态"的定义来理解，它指的是以最好的状态和最充沛的精力去学习，以保证学习效率，达到最好的学习效果。

很多学生学习有一个误区，那就是喜欢利用课后时间甚至下晚自习睡觉前的时间来学习。其实这样的做法非常不对，这样不仅耽误睡眠时间，还严重影响学习效率。本来一天的学习已经非常劳累，还在疲惫的基础上学习，学习效果自然好不到哪里去。拒绝在疲惫时学习的第一个好处就是能保证学习效果，因为人在疲惫时的注意力要显著低于精力充沛时的注意力，学习时间就认真学习，休息时间就好好休息。抓住课堂上每分每秒的时间，不打疲惫战，是保证学习精神状态的第一要点。

厌学有很多种原因，有些学生可能本来就对某门课程一点兴趣都没有，只是硬着头皮去学，如果在疲惫的状态下硬着头皮去学，则会加重学习负担，增加厌学情绪。拒绝在疲惫时学习的第二个好处就是能有效增加学习兴趣，让学习过程不再有压力。比如：午休时就该好好休息，因为这会保证下午的学习状态。如果你把午休时间拿来做作业或者学习其他学科的知识，那么下午上课极有可能会打瞌睡，或者一点也没办法集中注意力。保持充沛的精力，我们才有可能在学习中体会到趣味感，自然而然增加对学科的兴趣。

拒绝在疲惫时学习的第三个好处是让自己对学习随时都有饱满的热情。精神状态是学习中最容易被忽视的一部分，精神状态好，才有足够的动力学习。比如：你很喜欢物理这门学科，它也是你的强项，学习动力和欲望都足够强，但在极度疲惫的情况下也很难继续学好。因为你在学习前就已经耗光了精力，心有余而力不足。在精神状态好的情况下学习，才会一直保持对学习的主动性。

在实际学习中到底如何保持好的精神状态？

◎ 保证睡好觉

晚上十点左右睡觉是正常作息，然而也有一部分高三或者走读的学生很难做到十点左右睡觉。有一位高三的学妹向我倾诉：每天学习任务太多了，根本没办法保证足够的睡眠时间，所以经常在睡觉之前疯狂"加班加点"写作业。要知道，我们并不是为了写作业而作业，也不是为了完成任务，写作业的真实目的是检测自己到底有没有掌握某个知识点。学会带着目的写作业，就能迅速明白要点，帮助你衡量时间分配，保证充足的睡眠时间，才会有好的精神状态。那么，该如何睡好觉呢？

①按睡眠周期睡觉

我们的睡眠有周期，90分钟为一个睡眠周期。如果睡眠时间不够怎么办？最简单的方法就是按照完整的睡眠周期来睡。所谓完整的睡眠周期由四个阶段组成：打瞌睡、浅睡眠、深睡眠和快速眼动睡眠。如果在除开快速眼动睡眠阶段以外任意一个阶段醒来，都不算经历完整的睡眠周期。中学生一般睡五个睡眠周期就已经足够了，也就是7.5个小时。如果时间不够用可以减少一个睡眠周期，也就是睡6个小时。

可以按照需要的睡眠周期和第二天早上要醒来的时间，推算入睡时间，比如你今天打算睡四个睡眠周期，明天6点半起床，往前推算就是12点半睡觉。按照睡眠周期的生物节律，睡四个睡眠周期和睡五个睡眠周期的睡眠效果差异不大。

②选择合适的枕头

要想有一个好的睡眠，寝具也很重要，比如选一个适合自己的枕头。枕头的高度、形状、枕头里面的填充物都可以作为选择枕头时考虑的点。合适的才是最好的，才能帮助我们睡一个好觉，从而保持充沛的精力。

③睡觉前尽量不喝水

睡前尽量不喝水是保证睡好觉的前提，喝太多水可能会导致频繁上厕所，从而破坏睡眠周期。比如：你已经从浅睡眠进入到深睡眠阶段，但这时正好被起夜打扰，那么你的睡眠周期就会被打断，必须得从第一个打瞌睡阶段，重新开始新的睡眠周期。

◎适当运动

保持好的精神状态的第二大方法就是适当运动，运动不仅能增强体质，还能让我们保持良好的精神状态去学习。体育锻炼可以改善我们神经系统的调节机能，从而提高学习效率，也就是说经常体育锻炼的人比不经常锻炼的人有更多能量，学习也不容易疲惫。

那么在学业如此繁重的中学时代，该怎样保持运动量呢？

①珍惜体育课的时间

很多学生会把体育课的时间用来写作业，其实这是不明智的做法。之所以每个学校的课表上都会排体育课，是因为锻炼也很重要。在上体育课时，建议跟着老师上课的内容认真锻炼身体，教学结束后的自由活动也别回教室看书，多做点自己喜欢的体育活动，比如打篮球、打羽毛球、打乒乓球等。上体育课，可以保持我们的运动量。

②每天做十分钟喜欢的运动

除了在上体育课的时间进行运动外，还可以每天主动创造运动时间来保持运动量，时间也不会耽误太多，每天只需要抽十分钟来锻炼即可。比如：吃完午饭可以去校园里走一走，下午放学的时间约同学一起锻炼等。

◎注重饮食

为什么饮食会对精神状态有影响？这是由于人在营养不良的状态下会很容易感到疲惫和困倦，我们能做的就是在平时的饮食中注意营养搭配。除此之外，适量加餐也非常重要，可以适当买一些小面包放在课桌里，饿了随时拿出来吃。首先保证不让自己饥饿，其次才有好的精神状态。

◎不积攒学习任务

中学阶段每天都有新的学习任务，比如：今天数学要学习与三角形有关的线段，明天要学习与三角形有关的角，后天要学习全等三角形。保持好的精神状态需要每天弄懂所学知识，千万不要把没学懂的知识积攒到一起。

重点班有一位学生告诉我，她高二有一段时间总觉得学习特别累，后来分析出是因为每天没有复盘，不知道每天到底学懂了什么，没学懂什么，导致很多原本应该做对的练习题反而频繁出错。找到原因后，她开始每天复习当天所学知识，一旦有没弄懂的知识，会立马想办法弄懂，做到今天学习的新内容必须今天搞懂。果然，她的学习状态开始慢慢变好，错误率也随之下降。

不积攒学习任务会让学习保持良性循环，学习变得轻松自信，随时都很有力量。

6.4 精简娱乐：拒绝依靠手机娱乐

如今是一个信息爆炸的时代，随处可见各种碎片化信息。所谓碎片化信息，就是指零碎或不完整的信息，比如：你在某个短视频里学到了物理热力学第一定律的补充知识点；在某个网站里了解到中国各个区域的地理图；在某个App上看到了一篇文章你觉得说得很对；在某个公众号上看到了另外一篇文章也觉得说得很对……这就是典型的碎片化信息。涉入的知识分散且不连贯，不是一个整体。

虽然随时随地拿出手机接收碎片化信息这种行为看起来能帮我们节约时间，但从另外一个角度来说，这种行为反而会分散我们的注意力。因为习惯接收碎片化信息，这些信息往往是别人总结好的知识，导致遇到稍微有难度或者长一点的内容就看不下去。

我们获得知识的方式，也能反映出获取娱乐的方式。为什么？如今互联网发达，就像获取知识一样，仅一部手机就能获得各种各样的碎片娱乐，比如手机游戏、短视频、各种社交软件等。

什么是精简娱乐？

要精简娱乐，首先要了解什么是精简娱乐。它是指通过手机以外的娱乐方式来获取娱乐。那么，依靠手机娱乐有什么坏处？

◎容易轻易沉迷

很多学生认为放假后就是自己想干什么就干什么，于是疯狂玩乐，肆无忌惮玩手机。你有没有发现当你打开手机之后，很难在规定时间内停下来。比如：原计划打算玩手机到晚上九点半就睡觉，但当你打开手机，各种信息涌入，一划就有新内容出现，即使到点之后也很难立马停下。一直沉迷在手机的世界里，时间一长会严重影响人的自制力。

作为中学生，学会正确使用手机很重要。我更建议大家把手机当成一种学习工具，而不是娱乐工具。互联网有利有弊，有很轻易沉迷的娱乐内容，同时也有大量知识。具体怎么做？

①用手机专题学习

虽然前面提到通过手机学习比较碎片化，但你完全可以利用手机进行专题学习。比如：你在预习化学"元素周期表"这一内容时，就可以在手机上获取有关元素周期表的信息，拒绝元素周期表之外的任何信息，这就叫专题学习，即主动筛选手机上的信息，只学习一个专题知识，而不是任意学各种知识。

②用手机上网课

除了进行专题学习，当今时代，正确使用手机的方式还有上网课。用手机上网课不受地点约束，十分快捷方便。而且线上课程能够无限回放，还能按照自己的想法开任意你想要的倍速播放。这样方便上课期间没听清、没听懂的学生再次观看，也不用担心不好意思问老师和同学。

③用手机联系家人朋友

手机除了用来学习，正确的打开方式还有移动通信功能。不要只想着用手机娱乐或学习，虽然如今各种社交App很发达，但别忘记手机还有一个很重要的功能是打电话。我们可以利用手机经常给家人或者朋友打电话，增进与家人、朋友的感情。

◎丧失思考的能力

娱乐分低级娱乐和高级娱乐，依靠手机娱乐就是一种低级娱乐方式。所谓低级娱乐是指通过放纵来获得快乐，比如：长时间刷短视频、暴饮暴食、一放假就肆无忌惮地看电视等。

低级娱乐最致命的缺点是，它会让我们上瘾。比如：从前刷2分钟短视频大脑就会变得愉悦兴奋，但是现在刷1小时也未必能感受到兴奋，但你又很渴求这种兴奋感，所以只能花更多时间刷短视频。低级娱乐让人沉溺在享乐和安逸中，占用我们大量时间，导致我们在不知不觉中丧失思考的能力。

丧失思考能力对我们有哪些坏处？

①影响世界观的建构

中学阶段正值人生探索的初级阶段，很多世界观都没有形成，因此输入的信息内容很重要。互联网里有大量的观点，有些观点可能是不健康或不适合中学生的，如果我们丧失思考能力，就不会主动筛选和辨认观点，很容易出现别人说什么就觉得什么对的情况，不利于构建正确的世界观。

②不会举一反三

丧失思考能力的第二个坏处是我们的思维变得固化，因为不会思考，所以遇到问题不会灵活转变。比如：数学中同样是运用数列公式解题，一旦换个题型就看不懂；历史中本质上是同一个考点，但换个问法就没办法转换思路；语文中同一类型的题目，只是换个材料内容就无从下手……这些都是不会举一反三的表现。

③缺乏判断力

养成自己的判断力也是中学阶段的重要任务之一，学会独立思考能帮助我们培养判断力。为什么判断力如此重要？好的判断不仅可以帮助我们精准找出习题答案，直接提高学习分数，还可以侧面降低我们学习的难度。

怎么培养判断力？

第一，多提问，并大胆质疑。比如：在学习《济南的冬天》一文时，可以往这些方向提问：济南的冬天什么样子？作者描绘了济南冬天里哪些事物？为什么只描写济南的冬天，作者对济南的冬天有什么特殊情感吗？

第二，多假设，根据提出的问题，尝试给出答案。要注意，答案的正误并不重要，重要的是假设的过程。

第三，辨析事物发展的可行性。有了假设，接下来就要思考假设的可行性。比如，你想解一个数学题目，首先要有想法，其次要一步步推理自己的想法是否可行。

◎破坏专注力

依靠手机娱乐的第三个坏处是：轻松破坏我们的专注力。为什么？前面讲到用手机来娱乐会使大脑上瘾，不管你在干什么总想看手机。比如：当你在写作业时，脑子里突然蹦出"我发了一个QQ动态，有人评论但是我还没回"的想法，下一步你可能立马扔下正在写的作业，打开手机。如果你已经做到了精简娱乐，并且可以完全不依靠手机来娱乐，就不会有这种事发生，你的专注力会一直在写作业上。

怎样精简娱乐？

想要精简娱乐做法其实很简单，只需开辟一种手机以外的娱乐方式，最简单的做法就是挖掘自己更多的兴趣，去做那些让自己感到快乐的事。比如：看课外书、写日记、和好朋友一起逛街、散步、学乐器、做各类体育运动等。

　　总之，拒绝依靠手机来娱乐，最重要的目的是增加对娱乐的控制力，把握好玩耍的尺度，做到既不耽误学习，又能放松身心。

6.5 忘记目标：专注过程，享受学习的乐趣

学习过程中目标确实很重要，但也不必紧盯目标给自己施压。如何平衡目标与压力呢？我的建议是：专注学习过程。

什么是学习过程？

首先，要明白哪些行为才能被称作学习过程。

例如在学习一章新内容时，你打算采取闭环学习法——预习、学习、复习，如果仅仅做完预习这一步，不能被称作学习过程。因为这一学习方法分三个步骤，我们要把三个步骤做完，才算一个完整的学习过程。

再比如你打算用一页纸学习法来总结一个知识点，帮助自己记忆。如果在一页纸里仅仅写出出现的问题，而没有找到问题的本质，也不能被称作学习过程，只能算完成一个学习步骤。所谓学习过程是指做完所有的学习步骤，它是一个连贯的流程，而不是某个单独的学习行为。

需要注意的是不同的学习方法有不同的学习过程，有些学习过程可能只有一个步骤，有些学习过程可能由好几个步骤组成。

◎关注正误，知识落地

当我们把注意力放在学习过程中时，就会更加注重学习进度。比如：你给自己定的学习目标是做一张数学试卷，然后对照答案及时纠错，如果你只是为了达成这一目标，那么最后只会纠结得到的

分数。但如果把关注点改成"专注做试卷和改错的过程",你会更在意题目是如何做对或做错的。比如:有些题目做对是因为自己真的理解了知识点,那这部分知识就不用花太多时间研究;有些题目做对是靠猜测,那么这部分题目就要再仔细花时间研究背后的考点。

把注意力转移到学习过程中的好处,不仅会让我们关注正误,还能把知识落到实处,做到心中有数,让我们在学习时更加脚踏实地,轻松掌控自己的学习情况。

◎注重原因,慢慢提升

关注学习过程的目的是,及时解决学习过程中出现的各种问题,比如:总结失败原因和成功之处,应用到下次考试中,长此以往,分数一定会有所提高;你发现自己好几次丢分都是因为看错了计算单位,一旦找到这个原因,在下次考试中肯定会特别注重这一点,很大概率上不会再因为这种细小的错误失分。

专注过程带来的结果不会立马呈现,它需要慢慢积攒。由于能关注到学习过程中的每一个细节,所以能让我们最大限度地发挥自己的学习能力,最终让量变促进质变。

◎提高参与度,增加趣味性

把重点放在学习过程中,不用刻意提醒自己主动学习,因为这一行为本来就代表主动学习。例如:英语老师要求背诵第二单元的课文,如果你的目标仅仅是背诵,那么在没背诵之前,你会刻意提醒自己去完成背诵这一任务。如果思维转变到专注过程,那么你的想法也许会改变成"课本中倒数第二段我还背诵不了",你看,从提醒自己"完成背诵"到"检查自己哪一段还没背诵"这个转变,其实就是主动学习的表现。

怎样专注学习过程?

那么如何做到专注学习过程，让自己轻而易举地获胜呢?

◎做好学习过程中的每一步

要做到专注学习过程也很简单，只需把学习过程中的每一个步骤做好。比如：你想用极简学习法里的"厚薄读书法"进行阅读，首先要做好把书"由薄读到厚"这一步。怎样才叫做好? 那就是按照"由薄读到厚"的要求，一步步弄清楚"是什么、为什么、怎么做"，如果在这个过程中有哪一步没有弄懂也没关系，但一定要把问题记下来。接着做"由厚读到薄"这一步，同样需要记清楚在这个过程中遇到的问题。当两个步骤都已经做完，无论有没有发现问题，都可以称作专注学习过程。如果在这个过程中发现了问题，下一步要做的就是立马去解决这些问题，不能把问题堆积起来，这样才能获胜。

◎暂时忘记目标

在专注学习过程时，切忌一直想着要达成目标，也不要提前预测结果，如果有提前预测结果的想法，其实就是在给自己设限，忘记目标是相信自己有无限可能。需要注意的是，并不是一直忘记目标，而是在学习的过程中暂时忘记目标，以减轻思想压力。

说到底还是得围绕着学习目标来，它是一个很重要的方向标。比如：你期中考试之前的学习目标是主科成绩达到120分，现在的成绩在105分上下。那么从现在直到期中考试前一个星期这段时间，都可以暂时忘记"主科成绩达到120分"这一目标，把注意力转移到学习过程中。期中考试前一周，可以对自己目前各个科目进行预测，分析要得到这个分数，具体每个题目自己应得多少分，哪些题目可以得满分，哪些题目不得满分也不影响目标的实现。在考试前把每个科目都按照这样的方法具体分析一次，会给自己带来更多底气，即使在考场也不会过度紧张，始终以更轻松的状态去考试。

◎在考试时专注过程

除了在平时学习时专注过程，在考试时专注过程也能给我们带来意想不到的惊喜。有些学生会在考试时想着：万一考不好怎么办，万一被竞争对手超过了怎么办。其实在考试时有这种想法是不对的，这是典型的不专注于过程的表现，在考试中不应该出现任何与考试内容无关的想法。

一旦在考试中分心，就很容易看错题目或看错选项，犯粗心大意的低级错误。在考试时应该把所有注意力放在解读题目和解题思路上，做到这一点才能拿到自己本应该得到的分数，甚至超常发挥。

◎长久坚持，养成习惯

专注过程是一个需要长久坚持的事，它的价值不在于加强学习的主动性，也不在于增加学习乐趣，而在于养成好的学习习惯，慢慢提升自我，最终轻易获胜。

6.6 心态养成：好的心态，拒绝学习内耗

本书讲述了各种各样的极简学习法，学习方法固然重要，但当你掌握了一定的学习方法，可学习成绩还是没有明显提升时，就到了考验心态的阶段。此时，你心态的变化对学习至关重要，你想要获得好成绩，可是你却觉得自己永远不行，这个时候就需要停下来，调整心态。

什么是好的心态？

这个问题对那些常受打击但永不言弃的学生来说体会是最深的。当他们按照自己的方法努力学习，或者认真对待每个学科，积极做作业，完成老师布置的任务，可考试成绩还是不理想，甚至出现成绩下滑的现象，但他们依然不放弃自己，依然付出持续的努力，这就叫心态好。好心态有一个特点，那就是虽然总是受打击，却永远满怀希望，积极向上地努力。

为什么好的心态对学习如此重要？

如果你体会过崩溃的心态，你就会知道，在这个时间里，你非常绝望消极的，不仅陷入了学习的困顿，还始终没办法鼓起勇气面对一团糟糕的学习。

其实并不是你不好，只是你没有达到对自己的要求，你当下没办法短时间内迅速调整好心态面对学习，从而产生了特别重的心理负担。这种负担越重，就越不容易有好心态，就像困在一团烂泥里走不出来。

好心态会帮助我们克服困难，就算遇到挫折和坎坷，我们依然会相信自己，并且时刻保持乐观情绪，以获得最大的成功。

正如我前面所说，某个阶段心态崩溃其实是一件再正常不过的事情了，只是看你自己如何调节情绪，帮助自己达到健康的心态。

需要调整心态的情况，一般大致分为三种。第一种，自我感觉良好，认为自己可以考到90分以上，实际上只考了70分，这种落差较大，是易受到突重打击的类型。第二种，一直都认为自己很努力，但还是得不到想要的分数，看不到希望的类型。第三种，自暴自弃，对学习不主动，也不感兴趣，放弃自我型。

由于心态不好导致学习成绩不稳定的学生有很多。比如曾经有一个名列前茅的学生，突然有一次考试发挥失常，从此开始怀疑自己不会学习，于是消极对待学习，认为就算听讲了也没用，所以上课不认真听讲，下课也不完成作业。

你看，年级前五的学霸都会遇到需要调整心态的时期，那么成绩没有那么突出的学生，更可能会经常遇到需要调整心态的情况。

怎样调整学习心态？

那我们应该如何调整心态呢？下面这几种方法推荐给你。

◎不要和别人比较

据我观察发现，很多学生心态不好，是因为感觉别人没有自己那么努力，却依然考得比自己好。永远都在和别人比较，却忘记和过去的自己比较。有比较固然是一件好事，但首先应该比较的对象不应该是别人，而是自己，不要被别人的光耀淹没自己身上的光辉。

这里的比较不应该局限在学习成绩上，更应专注在学习状态、学习习惯、学习积极性、学习心态等方面。

◎不要设想未发生的事

好多学生心态不好的另一个原因是情绪不稳定，学习上稍微有一点点失误就开始沮丧。想要保持好心态，尽量不要提前给一件事下结论。就像上一节讲到的，把注意力集中在过程中，用暂时忘记目标的方法，轻而易举地获胜。

不提前设想未来可能发生的结果，其实也就是在偷偷改变当下的心境，当下的我们心态也会变得更好，不会产生任何负面情绪。比如，你对期末考试很有把握，考前断定自己一定能考出好分数。结果却因为题型不常规，导致考得没有以前好，这时候你的心态极大可能会被影响。

◎正确看待考试

大多数时候的心态变化都和考试有关，我们要对考试有一个清醒的认知。首先要明白，考试的目的是检测自己掌握知识的情况，并不是有些学生所理解的为了考出高分。你有没有想过考出高分背后的逻辑？那一定是熟练掌握各个考点，有些优秀的学生甚至一看考题就知道考点是什么，所以才能很轻松地答对每道题，取得高分。

如果在考试中没有取得理想分数，也不用一直沮丧。我们把眼光拉长，哪怕是高考这类大型考试失败，也没关系。高考只是你人生中很小的一部分，只要全力以赴就好。其实，考试同样也在培养我们做事的态度。相比成绩好坏，对学习和考试的态度更加重要，要一直对自己有信心，更不要一蹶不振。

◎接受学习环境

有些学生很不喜欢自己的学习环境，特别是从一个水平的班到另外一个水平的班、从一个学校到另外一个学校这种情况。有些班级的学习氛围是活泼欢闹的，如果有喜欢安静的学生，就很难忍受这一点。

针对这种情况，我给出的建议是：随遇而安，如果改变不了现实就选择接受和改变自己。不要一直把自己困在厌烦的情绪里，走不出来。说不定主动适应环境的时间久了，你也能喜欢上现在的学习环境。

◎找人倾诉

除了依靠自己调整心态，学会找人倾诉也是很有用的方法。当遇到心态崩溃的时候，很多学生总是自己纠结烦恼，特别是一些不善言辞的男学生，其实很多事说出来心里就好很多。如果只是自己一个人闷闷不乐，那很容易钻牛角尖，掉进思维的死循环里出不来。

找自己关系好的同学、朋友，或者老师和家人倾诉，把那些自己想不通的地方全都讲出来，寻求他们的帮助。遇到再大的困难，也只是暂时的，学会往前看，方法永远比困难多。

◎学会自我鼓励

很多学生是因为给自己太大压力从而导致心态不好，这种情况我们要警惕"自我PUA[1]"。所谓"自我PUA"，是指自己总是怀疑自己的能力，自我厌恶，并苛刻对待自己，给自己造成很大精神压力。

---

① PUA：网络用语，指精神控制。

经常自我PUA的人，遇到问题总喜欢把原因归咎到自己身上，觉得自己做什么都是错的。这是非常不对的做法，当我们遇到困难或者犯了错误，首先要做的是给自己加油打气，并不是给自己增加精神压力。学会鼓励自己就是很有用的方法，学会自我接纳，与自己相处融洽。

其实调整心态的方法并不固定，除了前面介绍的六种方法外，还有很多种方式可以帮助到我们。需要特别注意的是，无论你用什么方法调整心态都必须做到及时，不可让负面情绪堆积。心态有时候决定一个人的状态，好心态会让自己更有力量，让自己把当下的事完成得更加顺利，给自己增添快乐。

心态调整是学习生涯里很重要的一部分，需要重视起来，要相信，只要持续付出努力，永不言弃，一定能得到自己想要的结果。